미국 온라인 고등학교로 명문대 진학하기

미국 온라인 고등학교로 명문대 진학하기

제도권 교육을 벗어나  도전으로 이룬 합격 스토리

How to Get
Into Top Universities
from a U.S. Online
High School

한승이 지음

율리시즈

· 추천사 ·
앨리슨 미스트레타_조지워싱턴대학온라인하이스쿨 교장

교육은 장소의 문제가 아니라
가능성의 문제입니다

조지워싱턴대학온라인고등학교GWUOHS 같은 온라인 고등학교는 다양한 혜택을 제공하고 폭넓은 요구를 충족시키며 교육 환경의 필수적인 부분이 되었습니다. 저는 우리 학생들이 맞춤형 학습 속도, 높은 접근성, 다양한 교과 과정 옵션, 개인 맞춤형 학습, 학생 중심의 학습 환경, 그리고 최상위권 대학 진학을 위한 체계적인 준비 과정 덕분에 놀랍게 성장하는 모습을 지켜봐왔습니다.

그리고 학생들이 온라인 학습 환경에 적응하면서 나타나는 수많은 긍정적 효과를 자주 목격합니다. GWUOHS 학생들에게서 관찰되는 긍정적 효과는 상당하며 광범위합니다. 학업 성취도 향상부터 정서적 안정감 증진에 이르기까지, 온라인 학교는 개인의 필요에 부응하는 환경을 제공하여 학생들이 학문적·개인적으로 성장할 수 있도록 돕습니다. 이러한 접근 방식은 자율성과 시간 관리 같은 삶의 핵심 역량을 함양할 뿐만 아니라, 앞으로 대학과 직장에서의 성공을 준비하게 합니다. GWUOHS 같은 학교가 더 많은 학생에게 적합한 교육의 대안을 제공하고 그들의 잠재력을 온전히 펼칠 수 있도록 돕고 있다는 사실이 저에게는 큰 기쁨이자 보람입니다.

GWUOHS의 목표는 학생들이 학업과 인격 양면에서 성장할 수 있도록 유연하면서도 체계적이고 엄격한 교육 환경을 제공하는 것입니다. 우리 학교의 헌신적인 교직원들은 개인 맞춤형 커리큘럼, 탄탄한 지원 서비스, 그리고 21세기 역량을 중시하는 교육을 통해 학생들이 대학과 미래 사회에서 필요로 하는 지적·인성적 자질을 고루 갖출 수 있도록 돕고 있습니다. 또한 다양성과 연결성을 중시하는 문화 속에서 학생들은 교실 밖에서도 소중한 삶의 경험을 쌓아가고 있습니다.

교장으로서 저는 매일 학생들이 성장하는 모습을 지켜보며 미래에 대한 조용한 희망을 느낍니다. 처음에는 많은 학생들이 미래에 대한 불확실함, 자신이 속할 곳이나 선택해야 할 길에 대한 막막함을 안고 학교에 옵니다. 그러나 졸업할 무렵이면 대부분 전혀 다른 눈빛으로 자신을 바라봅니다. 탄탄한 학문적 기반과 자신감, 그리고 명확한 미래 계획을 갖춘 모습은 학생들이 떠난 후에도 오랫동안 제 마음에 깊이 남습니다. 우리가 그 여정의 작은 부분이라도 함께

했다는 사실과 앞으로 그들이 이룰 성취에 깊은 자부심과 희망을 느끼지 않을 수 없습니다.

　마지막으로, 가족의 경험을 통해 온라인 교육의 장점을 많은 이들과 나누고자 노력해주신 저자께 진심으로 감사드립니다. 단지 한 권의 책을 쓰는 것을 넘어, 미래 교육의 방향을 함께 만들어가는 여정에 의미 있는 발걸음을 더해주셨습니다. 유연하고 포용적이며 누구나 접근 가능한 교육의 가치를 세상에 전하는 이 책은 많은 사람에게 깊은 영감을 줄 것입니다.

　이 이야기가 더 많은 부모와 학생들에게 통찰과 성장을 선사하길 진심으로 바랍니다.

Online high schools, such as the George Washington University Online High School(GWUOHS), have become an essential part of the education landscape, offering a variety of benefits and meeting diverse needs. I personally have seen our own students thrive due to the customized pace, accessibility, diverse curriculum options, personalized learning, student-centered learning environment, and college-preparation for acceptance into top-tier universities.

I often witness a plethora of positive effects that emerge in students as they adapt to the online learning environment. The positive effects that I observe in GWUOHS students are significant and wide-ranging. From increased academic success to improved emotional well-being, online schools offer an environment that can cater to individual needs, helping students grow both academically and personally. This approach not only fosters essential life skills, such as independence and time management, but also prepares students for future success in higher education and the workforce. It brings me great joy that schools such as GWUOHS offer an alternative that better suits many students' needs and empowers them to reach their full potential.

At GWUOHS, our goal every single day is to support students in their academic and personal growth by offering a flexible, supportive, and rigorous educational environment. Through a personalized curriculum, robust support services, and an emphasis on 21st-century skills, our incredible and dedicated staff supports students in developing the intellectual and personal qualities needed to thrive in both higher education and their future careers. Our school's commitment to fostering a diverse and connected community also ensures that students gain valuable life experiences beyond the classroom.

As Head of School, there is a quiet sense of hope for the future as I watch students at GWUOHS grow. Many students come to the school feeling uncertain about their futures, unsure of where they fit in, or what path they should take. But by the time they leave, there often is a transformation in how they see themselves and their potential. Seeing them graduate, having developed a solid academic foundation, personal confidence, and clarity about their future plans, is something that always stays with me long after students leave. We feel like we have played a small part in helping them get to that place, and it is impossible not to feel deeply proud and hopeful for what they will achieve next.

I want to extend my sincerest appreciation to Seungyi for using her family's experience to educate others on the benefits of online education. Seungyi, what you have done here is more than just write a book; you have contributed to a movement that is helping to shape the future of education for our students—one that promotes flexibility, inclusivity, and accessibility. It is clear that your work will inspire others to reflect, grow, and adapt in ways that benefit all learners.

Alison Mistretta, M.Ed.

Head of School, George Washington University Online High School

· 추천사 ·
박혜숙_전 서울성심여자고등학교 교감

결국, 최고의 교사는 부모입니다

이 책은 온라인 고등학교라는 낯선 경로를 통해 해외 명문대학에 입학하기까지의 여정을 소개하고 있습니다. 국제중학교 입학과 중도 포기, 미국 온라인 고등학교 입학 및 4년간의 학교생활, 탄탄한 입시 전략 끝에 마침내 두 대학에서 합격 통지를 받기까지, 엄마와 자녀가 개척해온 진학의 길을 솔직하고도 상세하게 이야기합니다. 고민과 탐색, 선택의 과정이 생생하게 펼쳐졌기에 흥미로웠고, 때로는 애타고 안타까웠을 부모 마음이 고스란히 전달돼 저 역시 가슴이 뻐근해지기도 했습니다.

힘든 고비마다 오로지 자신들만의 노력으로 정보의 바다를 탐색해가며 최적의 선택지를 찾아냈고 그렇게 구축한 길을 꾸준히 걸어온 결과, 마침내 간절히 원했던 명문대학에 장학금을 받고 합격합니다. 그 기나긴 여정을 가감 없이 온전히 쏟아낸 책이기에 더욱 값지지 않을 수 없습니다. 온라인 고등학교에 대한 상세 정보, 대학 입시 전략과 주의사항까지 아우르는 길잡이로서도 충분하지만, 이 책의 또 다른 미덕은 자녀의 올바른 성장과 발달을 고민하는 부모를 위한 훌륭한 지침서라는 점입니다.

개인적으로 가장 인상적인 부분은 부모의 교육적 신념에 대한 것이었습니다. 공교육이 흔들리는 이 시대에 사교육 의존은 더욱 심화되는데 자녀 교육에 대한 신념은 바람 앞에 등불처럼 불안하기만 한 게 현실입니다. 그렇기에 이 책의 저자가 보여준, 부모로서 일관된 신념을 굳건히 지켜내는 모습은 놀라웠습니다. 아이가 스스로 사고하고 문제를 해결해 나가며 자기주도적으로 살아갈 힘을 길러주는 것이 교육의 본질이라는, 그 신념을 자녀 교육에 녹여냈지요. 이는 바로 우리가 지향해야 할 교육의 목적과 방향이며 40년 가까이 교사로 살아온 저의 교육관이기도 합니다. 책을 읽는 내내 마음 깊이 공감하고 뿌듯했던 이유입니다.

자녀에게 최고의 교사는 부모임을 입증한 아주 훌륭한 사례로서 이 책을 추천합니다. 이 가족의 도전과 용기가 또 다른 혁신을 꿈꾸는 다른 이들에게 격려와 응원이 되기를 바랍니다. 그리고 대학생이 된 주인공이 넓은 세상에서 마음껏 배우고 무한히 꿈을 펼쳐가기를 기대합니다.

· 프롤로그 ·

미래를 마주할 용기, 그리고 선택

"학비 걱정 없이 미국 대학에 보내는 게 가능할까요?"

처음엔 저도 믿기 어려웠습니다. 그런데 우리 아이는 합격하기 힘들다고 손꼽히는 대학교 두 곳에, 거액의 장학금을 받고 합격했습니다. 이 책은 그런 기적 같은 결과에 이르기까지의 여정을 담았습니다.

합격률이 매우 낮은 대학이라 큰 기대는 하지 않았지만 아이는 인터뷰 초청장을 간절히 기다렸습니다. 잠도 제대로 자지 못하고, 밥도 제대로 먹지 못했습니다. 짝사랑에 빠진 사람처럼 하루종일 마음이 들떠 있었고, 또 무거웠습니다.

유난히 추운 겨울이었습니다. 아이와 함께 하루하루 마음 졸이며 기다리던 어느 날, 창밖으로 문득 낯선 새 한 마리가 눈에 들어왔습니다. 가만히 창틀에 앉아 있던 새와 눈이 마주쳤습니다. 처음 보는 새였습니다. 눈빛은 또렷했고 몸짓은 단단했습니다. 왠지 매처럼 보였고 자태는 유난히 멋있었습니다. 길조라는 생각에 얼른 핸드폰을 꺼내 영상을 찍었는데 몇 초 후 날아가버렸지요.

놀랍게도 그 직후 뉴욕대 아부다비의 인터뷰 초청장이 도착했습니다. 물론 초청장이 대학 합격증은 아니지만 아이는 감격의 울음을 터트렸습니다. 방구석에서 미국 온라인 고등학교 수업을 들어온 아이에게 넓은 세상을 직접 마주할 기회가 주어진 것입니다. 게다가 아부다비행 왕복 비행기표와 현지 호텔비까지 제공해주는 인터뷰 초청이라니, 결과를 떠나 이것만으로도 충분히 감격스러웠습니다.

인터뷰를 준비하는 아이의 모습은 정말 간절했습니다. 밤낮없이 예상 질문을 정리하고, 자신의 이야기를 영어로 다듬고, 거울 앞에서 수십 번 연습했습니다. 온라인으로만 세상과 소통해왔는데 드디어 직접 자신을 증명할 기회를 얻었으니 그 기회를 놓치고 싶지 않았겠지요. 저는 창가에 날아든 그 새가 행운을 가져다준 것이라 믿으며 아이를 응원했습니다. 그렇게 심혈을 기울여 준비한 인터뷰를 마치고 돌아온 이후 아이는 마침내 거액의 장학금을 받고 합격했습니다.

그런데 며칠 뒤 또 다른 희소식이 전해졌습니다. 바로 합격률 1퍼센트의 미네르바 대학교에 합격했다는 소식이었어요! 정말 말로 설명할 수 없는 감정이 밀려왔습니다. 그리고 그제야 실감할 수 있었습니다. 이 모든 기적은 단지 창가의 새가 가져다준 행운이 아니라, 가능성을 찾아 꾸준히 도전하고 우직하게 믿으며 노력해온 결과라는 것을 말이죠.

처음 이 길에 들어섰을 때는 아무것도 확신할 수 없었습니다. '정말 괜찮을까?', '평범한 아이와 미국 교육을 잘 모르는 한국 엄마가 해낼 수 있을까?'

한국의 교육 시스템 안에서 자란 저에게, 미국 온라인 고등학교를 통한 해외 대학 진학은 낯설고 불안한 선택이었습니다. 다만 세상의 길은 하나가 아니며 미래의 아이들에게 그 길은 더욱 다양할 것이라는 확신은 있었습니다.

"한국 대학이 아닌 해외 대학? 게다가 온라인 고등학교?"라는 주위의 시선도 만만치 않았습니다. '남들 다 가는 길을 벗어나는 것'에 대한 두려움은 예상보다 컸고 '혹시라도 실패하면 어쩌지?' 하는 불안은 늘 그림자처럼 따라다녔습니다.

미국 대학의 등록금은 대한민국의 중산층 가정의 수입으로 감당할 엄두가 안 나는 것이 현실입니다. 그랬기에 거액의 장학금을 받고 학비 걱정 없이 대학에 보낼 수 있다는 사실은 부모에게는 그 어떤 보상보다 값집니다. '미국 대학은 돈 많은 집 아이들이나 갈 수 있는 곳'이라는 고정관념 때문에 아이의 가능성을 외면하고 계신다면, 평범한 학생이라도 전략과 준비만 잘 갖추면 고액의 입시 컨설팅 없이 경쟁력 있는 대학의 문을 열 수 있다고 말씀드리고 싶습니다. 이 책을 쓴 이유도, 그 길을 먼저 지나온 저희의 경험이 누군가에게는 희망의 증거가 될 수 있기를 바라는 마음에서였습니다.

'특별한 아이'가 아닌 '가능성을 믿은 과정'

이 책은 천재도, 영재도 아닌 평범한 아이가 자기만의 리듬을 따라 걸으며 자신만의 가능성을 키워낸 이야기입니다. 저는 엄마의 자격으로 이 여정을 함께하며 교육이란 단순히 '공부 잘하는 법'을 넘어 '사람을 키우는 과정'이라는 사실을 몸으로 배웠습니다. 우리는 아이가 가진 기본적인 역량보다는 '스스로 준비하고 선택할 수 있는 힘'을 키워주기로 했습니다. 정보의 바다 속에서 길을 찾고, 실수하면 다시 계획을 세우고, 실패를 통해 더 단단해지는 과정을 응원하며 함께 걸었습니다. 그 과정을 거쳐 평범한 아이는 결국 특별한 결과를 만들어냈습니다.

내 아이의 대학 입시 성공담을 자랑하려는 것이 아닙니다. 저 역시 불안과 두려움 속에서 아이와 함께 미국 온라인 고등학교에 도전했던 한 사람에 불과합니다. 앞날에 대한 확신이 없었으니 주변의 누구에게도 감히 권할 수 없었습니다. 그렇게 오롯이 겪은 고민과 갈등, 시행착오 끝에 얻은 소중한 깨달음을 나누고 싶은 마음에서 출발한 기록입니다.

이 책을 통해 여러분과 나누고 싶은 것들이 있습니다. 어떻게 미국 온라인 고등학교를 선택하게 되었는지, 그 과정에서 무엇을 기준으로 삼았는지부터, 의외로 다양했던 장학금 혜택을 찾아 어떤 종류의 장학금이 있고 어떻게 준비했는지도 솔직하게 들려드리겠습니다. 대학마다 원하는 것이 다르다는 것을 알게 된 과정, 아이가 자신만의 이야기를 만들어가는 데 필요했던 다양한 활동, 에세이를 쓰고 인터뷰를 준비하며 겪었던 좌충우돌 경험까지, 우리가 걸어온 길을 있는 그대로 보여드리려 합니다.

값비싼 조기 유학이나 국제학교, 아이비리그만을 목표로 삼은 이들을 위한 것이 아닙니다. 그보다는 함께 조사하고 고민하고 계획하며 자녀의 미래를 '현실적으로' 열어주고 싶은 부모를 위한 책입니다. 지금 이 순간에도 온라인 고등학교를 고민 중이거나 미국 대학 진학을 꿈꾸는, 혹은 아이의 진로와 교육을 고민하는 보통의 부모님들에게 이 책이 작은 등불이 되기를 바랍니다.

'어쩌면 우리도 가능하지 않을까?' 그렇게 생각할 수 있도록 말입니다.

끝까지 완벽하지 않아도 괜찮습니다. 가장 중요한 것은 '가능성을 믿는 마음'에서 출발하는 것입니다(아이들의 프라이버시를 감안해 이 책에 등장하는 이름은 모두 가명을 사용했습니다).

차례

추천사 교육은 장소의 문제가 아니라 가능성의 문제입니다 ·4
앨리슨 미스트레타_조지워싱턴대학온라인하이스쿨 교장

결국, 최고의 교사는 부모입니다 ·10
박혜숙_전 서울성심여자고등학교 교감

프롤로그 미래를 마주할 용기, 그리고 선택 ·12

1장 길은 하나가 아니었다

익숙함과의 이별, 낯선 현실 앞에서 ·22
혼란 속에서 길을 묻다 ·27
무너지는 믿음, 피어나는 질문들 ·40
제도권 밖에서 다시 시작한 배움 ·54

2장 미국 온라인 고등학교, 낯선 여정의 시작

아침 산책이 아이를 바꿨습니다 ·64
온라인 고등학교에서 소셜 라이프는 가능할까요? ·75
온라인 고등학교의 평가와 성적은 어떻게 매기나요? ·91
K12, 온라인 고등학교를 학교답게 만드는 힘 ·100
온라인 고등학교, 어떤 학교가 좋을까요? ·105

3장 공부법 & 포트폴리오 전략

AP, 낯설고도 중요한 첫 선택 ·132
AP와 SAT 시험 대비는 어떻게 했나요? ·139
Holistic Review를 위한 포트폴리오 ·150
온라인 고등학교여서 좋았습니다 ·164

4장 입시 컨설팅 없이 가보자

더 넓은 가능성을 좇아서 ·174
커먼앱에서 에세이까지 ·178
지원 전략 짜기: ED와 EA의 의미 ·197
뉴욕대학교 아부다비 vs. 미네르바 대학교 ·203
입시 컨설팅 없이도 여기까지 왔습니다 ·216

5장 미국 대학, 돈 없이도 가능한가요?

국제학생도 가능한 미국의 재정보조 정책 ·222
장학금 신청 실전 가이드, CSS Profile ·227
국제학생에게도 열리는 장학금의 세계 ·230
진심이 닿다, 장학금을 받은 아이들 ·234

6장 부모의 역할: 관여와 신뢰 사이에서

현명하게 사교육시키기 ·244
어떤 핑계로도 아이의 꿈을 막지 마세요 ·252
부모도 함께 성장합니다 ·258
온라인 고등학교, 특별한 곳이 아닙니다 ·264

에필로그 함께 걸어온 길, 그리고 새로운 시작 ·271
2025 GWUOHS 졸업연설문 ·274
부록 1. AP시험 공부 전략 4단계 ·280
2. SAT 학원 가기 전에 이 정도는 하고 가세요 ·282
3. AP Calculus AB / BC란의 차이점 분석 ·283
4. 해외 대학 입시 일정표 ·284
5. 미국 대학 입시 준비에 유용한 사이트 모음 ·285

1장

길은 하나가 아니었다

익숙함과의 이별,
낯선 현실 앞에서

둘째는 태어나서 한 번도 떨어져본 적이 없는, 세상에 단 하나뿐인 언니와 계획에도 없던 이별을 맞이하게 되었습니다. 저희 가족은 남편의 해외 주재원 근무로 6년 동안을 싱가포르에서 생활했습니다. 해외라는 낯선 환경에서 5살 터울의 두 딸은 국제학교를 다니며 서로를 의지하고 보듬으며 지냈습니다. 둘째에게는 언니의 인생이 자신의 미래였고 그런 일상이 앞으로도 계속될 줄 알았습니다.

하지만 귀국을 불과 3개월 앞둔 어느 날, 전 세계적으로 예기치 못한 팬데믹 코로나19 사태가 터졌습니다. 모든 것이 멈춘 듯 혼란의 시기가 계속됐습니다. '재외국민 3년 특례입시' 제도를 통해 한국 대학에 진학하려던 첫째는 오히려 싱가포르 대학에 합격하게 돼 홀로 그곳에 남게 되었습니다.

언제나 함께였던 언니가 예상과 달리 한국에 갈 수 없게 되자 둘째는 말을 아꼈지만 내심 복잡한 심정이었을 겁니다. 언니가 남는다는 사실이 부러운 한편 걱정도 되는 눈치였지요. 무엇보다 익숙했던 싱가포르 국제학교를 떠나 전혀 다른 시스템의 한국 중학교로 전학 가야 한다는 사실이 부담스러웠을 것입니다. 익숙했던 교실과 친구들, 영어 중심의 수업 환경에서 벗어나야 한다는 현실이 서서히 체감되었을 테니까요.

국제학교의 벽, 현실 앞의 선택

한국에도 국제학교나 외국인학교라는 대안이 존재합니다. 특히 제주나 수도권 일부 지역에는 국내 학생도 입학 가능한 국제학교들이 있고, 외국인학교의 경우 부모 중 한 명이 외국 국적이거나 일정 기간 해외 체류 이력이 있으면 입학 자격이 주어지기도 합니다. 문제는 '비용'입니다. 연간 수천만 원에 이르는 등록금과 수업료는 우리 형편으로는 감당하기 어려운 수준이었습니다.

입학하고 싶다고 바로 들어갈 수 있는 것도 아니었습니다. 우선 해당 학년에 빈자리가 있어야 하고 경쟁률도 만만치 않았습니다. 주변에서는 '비인가 국제학교'도 고려해보라고 조언해주었지만 말 그대로 '비인가' 즉, 정식 인가를 받지 않은 교육기관이라는 점에서 선뜻 내키지 않았습니다. 그렇게 현실과 제도, 비용 사이에서 고심하던 어느 날 우연히 '국제중학교'라는 새로운 가능성을 발견했습니다.

'국제중학교'의 문이 열리다

둘째의 학교 고민을 거듭하던 중, 마치 하늘이 내린 타이밍처럼 서울의 한 국제중학교에서 편입학 추첨 일정을 공지하는 게시물을 보게 되었습니다. 반가운 마음에 별다른 기대 없이 서둘러 원서부터 접수했는데 놀랍게도 '합격'이라는 결과를 받아들게 되었습니다. 마치 인연처럼 말이지요.

국제중학교는 입학시험을 치르지 않습니다. 학생 선발 기준은 오로지 '추첨'입니다. 실력도 성적도 포트폴리오도 요구하지 않는 단순한 추첨 방식이기에 오히려 경쟁이 더 치열합니다. 노력한다고 들어갈 수 있는 곳이 아니다 보니, 오히려 그 '운'을 잡은 것이 더 특별하게 느껴졌는지도 모르겠습니다. 일반중학교가 아닌 '국제'라는 명칭의 학교에 다니게 되었다는 사실이, 낯설고 새로운 교육 환경에서 아이가 느꼈을 위축감이나 두려움을 조금이나마 덜어주기를 바랐습니다.

실제로도 주변 반응은 예상 밖이었습니다. 심지어 첫째의 싱가포르 국립대학교 합격보다 추첨의 '운'으로 국제중학교에 입학한 것을 더 부러워하는 이들도 있었습니다. 노력으로 얻는 성취는 존경받지만 오히려 운으로 얻은 기회는 희소성 때문에 더 특별하게 여겨지는 것일까요.

덕분에 우리 가족은 고비용의 국제학교나 외국인학교 대신, 추첨으로 입학한 '국제중학교'라는 새로운 출발점에 서게 되었습니다. 사실상 일반중학교 대신 국제중학교를 선택한 셈이지요. 고액의 학비를 부담하는 국제학교와 외국인학교라는 대안은 애초부터 계획에 없었기에 이 선택은 우리에게 현실적이면서도 최선이었습니다.

한국어의 장벽 극복하기

새로운 학교생활을 시작한 아이는 낯선 환경에서도 의외로 따뜻한 환영을 받았습니다. 해외에서 전학 온 학생이라는 이유로 친구들이 신기해하며 먼저 말을 걸어주었고 배려하려는 분위기가 컸습니다.

하지만 교육의 언어가 달랐던 것은 난관이었습니다. 싱가포르에서는 대부분 영어로 수업을 받았기 때문에 한국어는 가정 내 대화에 한정된 언어였지요. 그랬으니 한국에서 수업 내용을 따라가는 데 한국어 실력은 명백한 약점으로 작용했습니다. 특히 국어, 역사, 사회처럼 언어 이해력이 핵심이 되는 과목은 더 큰 부담이었을 것입니다.

그러나 이 문제도 '책 읽기'라는 기본에 집중함으로써 돌파해 나갈 수 있었습니다. 저는 아이가 흥미를 가질 만한 청소년 문학, 이야기 중심의 책들을 골라서 함께 읽었고, 그것을 통해 아이는 매일 꾸준히 활자를 따라가기 시작했습니다. 그렇게 6개월이 지나자 스스로도 놀랄 만큼 한국어에 자신감을 갖게 되었고, 국어 시험은 물론이고 역사, 사회 과목에서도 거의 만점에 가까운 성적을 받게 되었습니다. 오히려 영어 실력이 약해졌다고 아쉬워할 정도였으니 어느덧 한국어라는 언어 장벽은 더 이상 걱정거리가 아니게 된 것이죠.

국제중학교 vs. 외국인학교 비교표

구분	국제중학교	국제학교/외국인학교
운영 형태	국내 중학교 기반 특성화 커리큘럼 운영	IB, AP 등 국제 커리큘럼 중심 운영
입학 대상	대한민국 국적 누구나 가능 (지역별 별도 체크)	외국 국적자 또는 일정 요건 충족한 내국인만 가능
수업 언어	영어 중심 수업 비중 있으나 한국어 수업 병행	영어 중심 수업 국어 수업은 거의 없음
진학 방향	국내 고교 진학 (외고, 자사고, 일반고 등)	해외 대학 진학 중심
등록금/비용	공립 또는 자율형 사립 수준 (수백만 원대)	고액 등록금 (연간 4,000만 원대 전후)
대표 학교	대원국제중, 영훈국제중 등	SFS, YISS, KIS, NLCS, Chadwick 등

> **참고**
>
> 이름은 비슷하지만 완전히 다른 교육 시스템
>
> - 국제중학교는 '국내 중학교'입니다. 영어 중심 수업이 있긴 하지만 국내 입시에 맞춘 교육과정을 따릅니다. → 외국어와 글로벌 감각을 키우는 국내형 특목중이라고 이해하면 됩니다.
> - 반면 국제학교/외국인학교는 정규 교육과정 자체가 해외형입니다. 학생 구성은 대부분 한국 국적이나 다수의 졸업생이 해외 대학 진학을 목표로 합니다.
> → '국제학교'는 사실상 국내에 있는 해외 학교인 셈입니다.

혼란 속에서
길을 묻다

　　　　　　1년이 지났습니다. 그리 길지 않은 시간이었지만 학부모로서 참 여러 순간에 마음속으로 '이건 아닌데…'라는 생각을 반복하게 되었습니다. 처음엔 '혹시 일반중학교가 아니라 국제중학교라서 그런 걸까?' 하는 생각도 들었지요. 하지만 그보다는 나 자신이 한국의 교육 시스템과 너무 오래 떨어져 있었던 건 아닐까 하는 반성도 함께 들었습니다. 결국 스스로를 다잡으며 '엄마부터 적응해야 아이도 편안하게 학교생활을 할 수 있다'라는 마음으로 모든 상황을 긍정적으로 해석하려 노력했습니다.

　　둘째는 새로운 친구들과 잘 어울리며 나름의 리듬을 찾아가고 있었기에 제가 가진 의문이나 불편함을 겉으로 드러내는 건 조심스러웠습니다. 엄마가 학교에 대해 부정적인 말을 하면 아이는 그걸 감지하고 흔들릴지도 모르니까요. 그래서 저는 계속 초긍정 모드로 '우리, 잘하고 있어'라고 스스로를 설득하며 지냈습니다.

　　하지만 대치동 같은 교육열이 높은 지역에서 자녀를 키우는 지인들과 이야기를 나누면서 의심은 확신으로 변해가기 시작했습니다.

'아, 이건 특정 학교의 문제가 아니라 한국 중학교 시스템 전반의 구조적인 문제일 수 있겠구나.'

그리하여 결국 이 질문으로 귀결되었습니다.

'이 교육은 누구를 위한 것일까?'

바쁘기만 한 교육, 비어 있는 배움

국제중학교 내에는 다양한 활동이 있습니다. 모둠별 프로젝트, 교내 대회, 수행 평가, 각종 발표 과제⋯⋯. 얼핏 보면 학생 중심 수업 같아 보였고, 외부에서 보면 활기찬 학교처럼 느껴질 것 같았습니다. 하지만 실상을 들여다보면 많은 활동이 겉모습만 번지르르할 뿐 정작 학생의 성장은 뒷전이었습니다.

가장 큰 문제는 시간. 한국의 중학생들은 대부분 방과 후 빼곡한 학원 일정으로 바쁩니다. 주말도 마찬가지입니다. 그러니 수업시간에 배정된 모둠 과제를 제대로 수행하기 어렵고, 결국 학원에 다니지 않는 소수 학생들에게 과중한 부담이 돌아가게 됩니다.

그 과정에서 중요한 것은 '결과물'뿐입니다. 교사들은 과제가 얼마나 잘 완성되었는지만 평가할 뿐, 그 과정에서 누가 어떤 역할을 했는지, 어떤 고민과 협업이 있었는지는 중요하게 여기지 않습니다. 마치 기업 보고서처럼 겉만 반짝이는 과제가 되어버린 것이지요. 왜 이런 활동을 해야 하는지도 모른 채 하루하루 과제와 활동에 쫓기는 아이들의 모습이 안쓰러웠습니다.

가장 이해하기 어려웠던 건 독서 과제였습니다. 국어 수업뿐 아니라 음악, 미술, 체육 같은 예체능 과목까지 독후감을 요구했습니다. 심지어 일부 교과에서는 한 학기에도 여러 권씩, 각 과목별로 필독서를 정해두었고 학생들에게는 일괄적으로 그 책을 읽고 감상을 써오라는 숙제가 주어졌습니다.

현실적으로 10과목이 넘는 교과에서 동시에 책을 읽고 독후감을 쓰는 건, 아무리 시간을 잘 분배해도 벅찬 일입니다. 그렇다 보니 학생 대부분은 결국 책을 다 읽지 못했고 인터넷에 있는 요약본이나 독후감 예시를 참고해 과제를 제출했습니다. 더 씁쓸한 것은 교사들조차 그 사실을 알고 있다는 점입니다. "어차피 책 안 읽고 쓸 거라는 건 알아요"라고 말하면서도 과제는 계속 주어졌습니다.

저는 독서의 의미가 글을 읽고 요약하는 데 있다고 생각하지 않습니다. 책 속의 이야기와 내 경험을 연결해보고 새로운 생각을 키워나가는 것이 독서의 진짜 목적일 텐데, 현실의 과제는 그것과는 거리가 멀었습니다. '책을 읽지 않고도 쓸 수 있는 독후감'이 과제로 주어진다는 것에 마음이 복잡했습니다.

조심스러운 용기, 공허한 동의

대면 상담이 어려운 코로나 팬데믹 시기여서 학부모 상담은 모두 전화로 진행되었습니다. 저는 학부모로서 용기를 조금 내보기로 했습니다. 전화로 연결된 담임선생님께 조심스럽게 말을 꺼냈습니다.

"선생님, 독서가 중요하다는 것 잘 알고 있습니다. 그런데 과목별로 정해진 많은 필독서에 독후감까지 과제로 주어지면 아이들이 책을 '읽기 위한 읽기'를 하게 되는 것 같아 안타깝습니다. 몇 권을 읽든 수업 시간에 함께 나누며 공감하고 감동을 나눌 수 있는 그런 독서 교육이 되었으면 좋겠습니다. 한 작품이라도 아이 마음에 깊이 들어갈 수 있다면 그게 진짜 독서 아닐까요?"

한참의 정적이 흐른 후, 선생님은 짧게 대답하셨습니다.

"네, 맞습니다."

그 말에서 여운이 느껴졌습니다. 아마 선생님도 공감하셨겠지요. 하지만 학교의 전체적인 과제 운영 방침, 교사의 재량을 넘어선 시스템 앞에서 담임교사도 어쩔 수 없다는 무력감이 느껴졌습니다.

그 순간 해외에서 살다 와서 분위기 파악 못 하는 엄마로 비춰질까 걱정이 앞섰고, 불필요한 오해가 아이에게 불이익이 되지는 않을까 우려도 들었습니다. 그래서 그날 이후로는 학교와의 대화를 멈추고 대신 아이와 더 많은 이야기를 나누는 쪽을 선택했습니다.

국제중학교, 그 이름에 가려진 입시 현실

처음 국제중학교에 편입할 당시에는 '국제'라는 단어에 내심 기대를 걸었습니다. 단순히 영어를 많이 쓰는 교육 환경만을 뜻하는 것이 아니라, 더 넓은 세상을 향해 열린 사고를 키워주는 그런 학교이기를 바랐습니다. 하지만 현실의 국제중학교는 입시 중심의 사교육 체계에 깊숙이 편입된, 또 하나의 '시작점'일 뿐이었지요.

학교는 공식적으로 자기주도학습을 강조했습니다. 그러나 정작 대치동 학원가는 '국제중 내신반'을 앞세운 간판이 호황을 이뤘습니다. 내신 성적을 잘 받기 위한 맞춤형 사교육을 제공하는 곳, 학교가 강조하는 자기주도학습과는 정반대의 풍경이었지요.

어느 날 아이가 친구에게서 받은 안내문을 들고 왔습니다. 소그룹으로 국어 고전 수업을 듣자고 권유받았다고요. 'S대 대학원 출신' 강사가 고전 문학을 지도한다는 안내문이 아이 눈에는 무척 특별한 기회처럼 보였나봅니다.

"엄마, 나도 이 수업 듣고 싶어. 친구들 몇 명이랑 같이 듣는데, 선생님도 진짜 좋대!"

아이의 눈은 기대감으로 반짝였습니다. 친구들 사이에서 '선택받은' 느낌 때문이었는지도 모르겠습니다.

하지만 저는 조금 의아했습니다. '중학교 1학년이 벌써 고전 수업?' 아무리 선행학습이 중요하다고 해도 지금 고전을 배우는 게 과연 맞는 걸까 싶었습니다. 그래서 조심스럽게 아이를 설득했습니다.

"그 친구는 국어를 잘하니까 고전도 배우는 거겠지. 우리는 지금 학교 수업을 잘 따라가는 게 제일 중요해. 너무 앞서가다 보면 오히려 중요한 걸 놓칠 수 있어."

친구의 국어 실력을 부러워하던 아이는 고개를 끄덕였지만 아쉬움은 감추지 못했습니다.

얼마 지나지 않아 첫 중간고사 결과가 나왔습니다. 놀랍게도 아이는 가장 자신 없어 했던 국어 과목에서 무려 97점을 받았습니다. 밤낮으로 열심히 공부한 결과였습니다.

뜻밖인 것은 고전 수업 스터디를 권유했던 친구는 82점을 받았다는 겁니다. 아이는 고개를 갸웃하며 말했습니다.

"친구는 국어도 잘하고 고전도 배우는데 왜 시험 점수는 더 낮지?"

그 말에 저는 조심스레 대답해주었습니다.

"선행학습도 좋지만 지금 내 자리를 단단히 다지는 게 더 중요하단다. 너무 멀리 달리다가 지금을 놓치면 안 돼."

국어뿐 아니라 수학, 영어도 마찬가지였습니다. 학생들은 점점 사교육을 통해 수업을 '미리' 배우고, 학교에서는 복습하고 시험만 치르는 것이 일상이 되어가고 있었습니다. 단지 국제중학교만의 이야기가 아니라, 어느 학교든 사교육이 일상이 된 지금의 교육 현실에서는 흔히 볼 수 있는 장면이기도 하죠. 아이는 그 속에서 느리지만 자기 속도로 무언가를 배워가고 있었습니다.

문과 대 이과, 자유학년제 속 숨은 경쟁의 시작

중학교 등교 첫날, 아이가 학교에서 돌아오자마자 물었습니다.

"엄마, 나는 문과야? 이과야? 그게 뭐야? 친구들이 물어봐."

처음에는 피식 웃음이 나왔습니다.

"그건 보통 고등학교 2학년쯤에 전공에 따라 나누는 거야. 그런데 친구들은 벌써 정했대?"

"그런가 봐. 서윤이는 이과고 민준이는 문과래. 그리고 내일은 장래희망이랑 가고 싶은 대학 학과를 앞에 나와서 발표한대."

자유학년제라 진로 탐색의 일환으로 이루어지는 활동이라는 건 알았지만, 중학교 1학년 첫 발표부터 '전공'과 '대학'을 말한다는 건 좀 섣부른 것 같아 마음이 무거워졌습니다. 그래도 아이는 내심 설레는 눈빛으로 발표를 준비했습니다. 친구들에게 좋은 첫인상을 남기고 싶다며 장래희망도, 가고 싶은 대학도 곰곰이 생각해보고 문장도 정성껏 적었습니다.

그런데 다음 날 학교를 다녀온 아이는 말이 없었습니다. 저녁 식사 시간에 조심스레 물어보았습니다.

"발표는 잘했어?"

아이는 고개를 숙이고 말했습니다.

"열심히 준비했는데…… 애들이 나를 이상하게 보는 것 같았어."

"왜?"

그러자 대뜸 묻습니다.

"엄마, 연세대가 좋은 데야? 애들이 다 연세대나 스카이 간다고 하더라고. 다들 의사나 뇌과학자 같은 거 된대. 그런데 나는 영화배우 되고 싶다고 했더니 선생님이 깜짝 놀라는 표정이었어. 그리고 대학은 언니처럼 NUS(싱가포르 국립대) 가고 싶다고 했더니, 애들이 그게 뭐냐고 웅성거리고 웃었어."

당황스러움과 서운함, 그리고 부끄러움이 아이의 표정에 고스란히 담겨 있었습니다.

저는 아이를 위로하며 말했습니다.

"친구들은 대부분 한국 대학을 목표로 하니까 NUS는 생소할 수 있지. 연세대는 당연히 좋은 대학이고, 우리 딸도 열심히 해서 연세대를 목표로 해보면 좋겠네."

그러자 아이는 발끈하며 대답했습니다.

"싫어! 나도 언니처럼 싱가포르 국립대 갈 거야! 엄마, 언니가 유학생이라 돈 많이 들어서 나보고는 연세대 가라는 거지? 안 돼. 나도 싱가포르 갈 거야!"

그 순간 알았습니다. 이 아이의 마음속에도 자기만의 꿈과 기준이 단단히 자리하고 있음을. 그래서 약속했습니다.

"아니야, 그런 뜻 아니야. 네가 실력을 키워서 싱가포르 국립대에 합격하면 엄마가 꼭 보내줄게."

아이는 그날 이후 꿈을 더 분명하게 말하기 시작했습니다.

한국 중학교에서 학습 성취도가 높아지면 언젠가는 "나도 친구들처럼 SKY 대학 갈래" 할 줄 알았는데 그것은 저만의 착각이었습니다. 성적을 잘 받아와서 기특하다고 칭찬하면 "엄마, 나 이 정도 하면 NUS 갈 수 있어?"라며 확인하는 거예요. 자기 꿈에 다가가고 있는지, 지금 하고 있는 것이 맞는 것인지 확인하는 수단이었던 겁니다. "그래, 열심히 하면 돼"라고 긍정적으로 대답했지만 저는 어쩐지 뭔가 답답한 심정이었습니다.

아이는 지금의 환경에서는 친구들처럼 '외고'나 '국제고'를 목표로 삼아야 싱가포르 국립대에 갈 수 있다고 믿었습니다. 외고나 국제고는 외국어 교육과 국제 이슈를 다루는 교과 과정을 강조하고 있어서 해외 대학 진학을 준비하는 학생들이 많이 선택한다고 알려져 있었으니까요. 아이는 국제중학교의 만만치 않은 분위기 속에서 나름의 전략을 세우며 입시에 필요한 '스펙'이라는 것도 의식하기 시작했습니다. 그렇게 한국의 입시 경쟁에 서서히 스며들기 시작했습니다.

목적지가 정해졌으니 지도를 펼칠 차례입니다

어렸을 때부터 아이들이 하고 싶은 일이 있다고 말하면 저는 늘 "해보렴" 하고 응원해주었습니다. 하얀 도화지에 하나하나 직접 그려 나가는 경험들이 결국 아이만의 인생을 만들어낼 것이라고, 저는 그렇게 생각합니다. 물론 모든 일이 성공적일 순 없습니다. 어떤 일은 해보니 별로였고, 어떤 일은 괜히 시도했나 싶을 때도 있겠지요. 그래도 저는 아이가 직접 해보는 과정을 무엇보다 소중하게 여겼습니다. 도덕에 어긋나거나 생명을 위협하는 일이 아니라면, 아이가 원하면 일단 경험하게 해주는 게 옳다고 믿었습니다.

사실 부모라고 해서 모든 일의 결과를 알 수 있는 것도 아니잖아요. 실패할 것 같다고 미리 막아서는 것보다는 설령 실패하더라도 아이 스스로 그 결과를 마주하게 해주는 것이 진짜 교육이라고 생각했습니다. 그래서 둘째가 어느 날 갑자기 "뮤지컬 무대에 서보고 싶어요"라며 오디션을 보겠다고 했을 때도, 마치 아이가 뮤지컬 배우가 될 운명인 것처럼 진심으로 응원해주었습니다. 그런 과정에서 아이는 자신이 무엇을 좋아하고 또 잘하는지 점점 알아갔고요. 저는 언제나 조력자이자 응원단이 되어주려고 노력했습니다.

이런 제게도 진짜 고민이 시작된 건 대학 입시에 대한 이야기가 나왔을 때였습니다. 대학 입시는 앞서 말한 관심사나 취미와는 완전히 달랐습니다. 단순히 무대에 서고 싶다는 호기심이나 몇 달간의 노력으로 가능한 것이 아니라 주요 과목을 몇 년간 체계적으로 쌓아야 하는 아주 긴 여정이니까요. 이는 단순한 '도전'이 아니라 앞으로 어떤 세상에서 살고 싶은지를 결정짓는 인생의 중요한 관문이었지요.

그래서 진심으로 걱정이 되었습니다. 아이의 의향은 중요하지만 현실적인 조건도 무시할 수 없었습니다. "여긴 한국이고 우리가 살아야 할 나라도 한국이야. 그러니 결국 한국 대학이 가장 좋은 선택 아니겠니?" 처음엔 그렇게 설득도 해봤습니다. 하지만 그럴수록 아이는 말이 없어졌고 대학 이야기가 나오면 대화를 피하려 했습니다. 결국 설득을 멈추고 그저 조용히 아이의 마음을 지켜볼 수밖에 없었습니다.

중학교 2학년 여름방학 무렵, 대학 입시까지는 아직 4년 반이라는 시간이 남아 있었지요. 많은 부모가 '지금은 아직 이르지 않나?' 생각할 수 있지만 바로 그 시점이야말로 가장 중요한 시기입니다. 여전히 아이는 싱가포르 국립대학교를 목표로 하고 있었고, 그 꿈의 절실함을 알았기에 이제는 본격적인 준비를 시작해야겠다고 마음먹었습니다.

NUS, 싱가포르 국립대학교는 평범해 보이는 이름과는 달리 세계적인 명문대학교입니다. 미국 하버드나 영국 옥스퍼드처럼 세계

대학 순위에서 늘 상위 10위권 안에 드는 학교이며, 아시아에서는 1, 2위를 다투는 최고 수준의 대학입니다. 한국의 서울대학교보다도 순위가 높고 입학 조건은 훨씬 까다롭습니다. 단순히 영어만 잘한다고 되는 것이 아니라 학업 성적, 논리력, 자기주도적인 활동, 인터뷰 등 전반적인 실력까지 매우 높아야 합니다. 일반적인 한국식 교육으로는 준비가 쉽지 않기 때문에 특별한 계획과 대비가 필요합니다. 게다가 외국인 학생 입학 자체가 매우 제한적인 추세라 경쟁도 치열합니다. 싱가포르 국립대는 그야말로 세계의 최상위권 대학 중 하나입니다.

마침 국제중학교는 유명 외고와 같은 재단이었기에 선생님들도 외고에 대해 잘 알고 계셨습니다. 담임선생님은 "지금처럼만 하면 외고든 국제고든 충분히 합격이 가능하다"고 매번 말씀하셨습니다. 보통 부모라면 그 말에 안심했을지도 모르겠습니다. 하지만 저는 그럴 수 없었습니다. 우리의 목적지는 고등학교가 아니라 '해외 대학'이었기 때문입니다. 고등학교는 단지 그곳으로 향하는 경유지에 불과했지요. 자연히 외고와 국제고가 아이의 목표에 맞는 선택일까, 의문이 생겼습니다.

엄마로서 다시 지도를 펼쳐야 했습니다. 아이가 꿈꾸는 싱가포르 국립대 홈페이지에 들어가 하나하나 살펴보았습니다. 지금 상황에서 이 대학에 갈 수 있는 방법은 무엇일까? 외고와 국제고가 맞는 길인가? 지금 아이의 자리에서 그곳으로 이어지는 길을 찾기 시작한 것이죠. 물론 싱가포르 국립대는 첫째가 다니고 있는 대학교라서 생소하지는 않았지만, 둘째는 처한 상황도 성향도 달랐기 때문에 새롭게 처음부터 계획을 세워야 했습니다. 그래서 첫째의 대학 동기 중 국내 외고와 국제고 졸업생들을 찾아 물어보기도 하고, 정보가 많지는 않았지만 유튜브 같은 매체를 통해 질문도 남겨가며 사례를 조사했습니다.

그리고 그 과정을 통해 중요한 사실 하나를 깨달았습니다. 외고와 국제고는 분명 훌륭한 학교들이지만 그 교육과정은 여전히 국내 대학 입시에 맞춰져 있는 경우가 많았습니다. 학교생활기록부, 수행평가, 내신 경쟁, 봉사활동 같은 항목들이 국내 대학의 수시 전형과 연계되어 있어 대부분의 학생이 서울대를 비롯한 국내 상위권 대학을 목표로 하고 있는 것이 현실입니다. 물론 외고나 국제고에 진학해서 해외 대학을 가는 학생도 존재합니다. 서울의 한 외고에 다녔던 예진이는 학교 수업 외에 학원에서 해외 대학에 맞는 활동과 자기소개서를 따로 준비하며 결국 싱가포르 국립대학교에 합격했습니다. 경기 지역의 국제고에 다녔던 승호는 미국의 리버럴 아츠 컬리지인 앰허스트 대학 진학에 성공했지요.

이 학생들의 공통점은 학교만 믿고 준비한 게 아니라는 점이었습니다. 대부분의 준비는 스스로 또는 가족과 함께 학교 바깥에서 이뤄졌습니다. 학교 수업만으로는 턱없이 부족했던 것이죠. 다시 말해 외고나 국제고를 간다고 해서 자동으로 해외 대학의 문이 열리는 게 아니라는 것입니다.

제 고민은 더 깊어졌습니다. '어떤 고등학교를 갈 것인가'보다 더 중요한 건 '그 고등학교에서 어떤 준비를 할 것인가'였습니다. 결국 부모는 단순히 학교 이름에 의존하는 대신 아이의 목표에 맞는 정확한 정보를 찾고 맞춤 경로를 설계해주어야 한다는 것을, 그제야 깊이 깨달았습니다.

무너지는 믿음,
피어나는 질문들

　　　　　여름방학이 시작되자 국제중학교에서 배부한 방학 숙제는 예상대로 엄청났습니다. 십여 권에 이르는 독후감 작성, 각종 인증 시험 준비, 그리고 심화 수학 선행 문제집까지. 모든 과제가 '자기주도학습'이라는 이름으로 포장돼 있었지만, 실제로는 경쟁에서 밀리지 않기 위해 스스로를 몰아세우는 고된 훈련에 가까웠습니다.

　사교육을 받지 않고 인터넷 강의 등으로 혼자 학업을 이어가던 둘째는 그 모든 과제를 묵묵히 감당했습니다. 놀러 가고 싶을 때도, 친구들과 수다 떨고 싶을 때도 있었겠지만, 아이는 스스로에게 '나는 이걸 해내야 해'라고 말하듯 책상 앞을 지켰습니다.

　그러나 저는 하루에도 몇 번씩 생각했습니다.
　'과연 이 교육 방식이 아이에게 진정으로 맞는 길일까?'
　'꿈을 향한 길이 이렇게 버거워야만 할까?'
　그러던 어느 날 우연히 TV 프로그램에서 국내 유명 스포츠 스타의 자녀가 등장한 장면을 보았습니다. 그 아이는 한국이 아닌 미국 온라인 고등학교를 통해 고등학교 과정을 이수하고 있었죠. 정규 수업 외에도 자신의 운동 재능을 마음껏 키워가며 학업과 꿈을 조화롭게 이뤄가는 모습은 큰 충격으로 다가왔습니다. 더 놀라웠던 것은 그 아이가 우리 딸과 동갑이라는 사실이었어요.

'같은 나이인데…… 어떻게 이렇게 다를 수 있을까?'

곧장 인터넷 검색을 시작했습니다. 늘 새로운 가능성에 목말랐던 저는 미국 온라인 고등학교에 대해 더 알고 싶었습니다. 그러나 당시 한국어로 된 정보는 대부분 단편적이거나 상업적인 광고에 가까운 글들뿐이었습니다. 진정한 교육적 가치나 실제 운영 방식에 대한 신뢰할 만한 설명은 좀처럼 찾기 어려웠습니다. 그날 밤 조용히 다짐했습니다. 내 아이에게 적합한 교육은 어떤 것인지, 직접 발로 뛰고 찾아보겠다고.

'진짜 새로운 길'을 찾다

코로나 팬데믹으로 인해 잠시 온라인 수업을 경험했던 우리는 그것이 얼마나 불편하고 제한적인 방식인지 익히 경험한 바 있습니다. 선생님의 설명이 끊기거나 화면이 멈춰 중요한 내용을 놓치는 일이 잦았고, 친구들과 자유롭게 토론하거나 질문을 주고받는 것도 어려웠습니다. 인터넷 연결 문제로 수업에 아예 참여하지 못하는 친구도 있었고, 과제를 이메일로 제출하는 과정에서 누락되는 경우도 많았습니다. 온라인 수업이 대면 수업을 대체하기엔 많은 한계가 있다는 것을 우리는 경험으로 터득하게 됐죠. 그래서인지 처음엔 '온라인 고등학교'라는 말이 낯설고 미심쩍게 느껴졌습니다.

그런데 미국 온라인 고등학교들은 처음부터 온라인 환경에 맞춰 설계된, 말 그대로 '처음부터 다른' 학교들이었습니다. 처음엔 믿기 어려웠습니다. 하지만 구글링을 통해 조사하고 확인한 정보들은 제 생각을 완전히 바꾸어 놓았습니다. 미국에서는 이미 1990년대 중반부터 온라인 교육이 정식 교육 방식으로 자리를 잡았고, 수많은 학생들이 이를 통해 고등학교 졸업장을 받고 아이비리그를 비롯한 명문대학에 진학하고 있었습니다. 놀라운 건 온라인 고등학교에 대한 정보가 넘쳐난다는 것입니다. Texas Virtual School Network, California Online Public Schools 같은 각 주의 공립 온라인 학교부터 다양한 사립 온라인 학교들까지, 그 과정 또한 고등학교에만 국한된 것이 아니라 더 어린 학생들까지 아우르는 시스템이었습니다. 오히려 너무 많은 선택지 앞에서 '어떤 학교가 우리 아이에게 맞을까?' 하는 고민이 생길 정도였습니다.

하지만 한국에서는 아직 생소한 개념이기에 여전히 마음 한편에선 걱정이 떠나지 않았습니다.

'광고가 아닐까?'

'정말 믿을 수 있을까?'

'혹시 특수한 경우에만 선택하는 대안학교는 아닐까?'

그런 와중에도 당시 한국의 중학교 교육에서 마주친 현실에 점점 지쳐가던 터라 '의심'보다는 '가능성'에 더 마음이 끌렸습니다. 마치 답답한 미로 속에서 한 줄기 빛을 본 것 같은 기분이었거든요.

그즈음 에콰도르에 사는 오랜 친구가 여름방학을 맞아 가족과 함께 한국을 방문했습니다. 매년 방문하는 친구지만 오랜만의 반가운 만남은 두 시간이 넘는 티타임으로 이어졌습니다. 아이들 근황부터 시작해 이야기는 자연스럽게 교육 문제로 흘러갔고, 저는 혹시나 하는 마음에 미국 온라인 고등학교에 대해 들어본 적 있냐고 가볍게 물었습니다. 놀랍게도 친구는 이미 그 개념에 익숙했고 예상보다 훨씬 구체적으로 알고 있었어요. 에콰도르에서는 중남미 현지 학교보다 미국 커리큘럼을 더 선호하는 경향이 있는데다 마침 아들 친구 중 한 명이 에콰도르에 거주하면서 온라인으로 미국 고등학교 과정을 수강하고 있다고 했습니다.

그 이야기는 큰 반향으로 다가왔습니다. 미국에 가지 않아도 외국 학생이 미국 고등학교 교육을 온라인으로 받을 수 있다는 실제 사례를 직접 들었으니까요. 온라인 고등학교는 이미 세계 여러 나라에서 합리적인 교육 대안으로 기능하고 있는데 그동안 제가 몰랐을 뿐이었던 겁니다. 그날의 대화는 단순한 정보 전달 이상의 의미가 있었습니다. 마음속 깊은 곳의 불안을 덜고 새로운 가능성을 발견한 순간이었습니다. 그 이야기를 듣고 제 마음은 단단해졌습니다.

'우리 둘째도…… 가능할지 몰라.'

그날 저녁 조심스럽지만 단호한 마음으로 남편과 딸에게 이야기를 꺼냈습니다.

"오늘 아주 특별한 걸 알게 됐어. 미국에 가지 않고도 온라인으로 미국 고등학교를 다닐 수 있대. 요즘 같은 코로나 시국에 아이 혼자 해외 유학을 보내는 건 너무 걱정스럽잖아. 그런데 한국에 있으면서도 미국 고등학교 과정을 그대로 온라인으로 이수할 수 있다니, 정말 놀라운 기회다 싶어. 어때, 우리 같이 한번 알아보지 않을래?"

그 말을 들은 순간 둘째의 눈이 반짝였습니다. 낯설지만 흥미로운 세계가 열리는, 우리 가족의 다음 여정을 시작하게 만든 눈빛이었지요. 그 모습만으로도 저는 큰 용기를 얻었습니다. 그리고 그날 이후 우리 가족은 이 새로운 길을 본격적으로 알아보기 시작했습니다.

사실 그동안 해외에서 생활하면서, 부모 없이 외국으로 조기 유학을 와 중고등학교 과정을 보내는 아이들을 자주 보아왔습니다. 물론 독립적으로 잘 적응해 원하는 대학에 진학한 아이들도 있지만 많은 경우에는 부모의 보살핌이 절실한 사춘기에 방황을 겪으며 학업에 집중하지 못하고 끝내 귀국하게 되는 경우도 적지 않았습니다. 아무리 좋은 학교, 아무리 좋은 기회라 하더라도 정서적 안정이 뒷받침되지 않으면 오히려 그 기회가 짐이 될 수도 있음을 여러 번 목격했습니다. 실제로 필립스 엑세터 아카데미Phillips Exeter Academy, 필립스 아카데미 앤도버Phillips Academy Andover, 디어필드 아카데미 Deerfield Academy, 초트 로즈메리 홀Choate Rosemary Hall 같은 미국의 명문 기숙학교는 학생들의 정신적 안정과 감정 조절 능력을 매우 중요시해서 전문 심리상담사가 상주하고, 개인 및 집단 상담과 위기 대응 시스템을 촘촘히 갖추고 있습니다.

그럼에도 불구하고 일부 학부모는 아이의 심리적 안정을 위해,

고액의 명문 기숙사 학교에 보냈음에도 학교 근처에 거주지를 마련해 함께 머물기도 합니다. 아무리 좋은 학교라도 부모의 존재만큼 아이를 지탱해주는 것은 없다는 사실을 잘 알고 있기 때문입니다. 저 또한 성인이 되기 전까지는 아이가 부모 곁에서 정서적 지지를 받으며 자라는 것이 무엇보다 중요하다고 믿습니다.

그렇기에 미국 온라인 고등학교는 단순한 대안이 아니라 우리 가족에게 꼭 맞는 '절실한 해답'이었습니다. 친구보다 교과서보다 무엇보다 중요한 존재는 부모이기에, 그리고 지금은 세상이 그 어느 때보다 불확실하기에, 그날 친구와의 대화는 우리 가족에게 길을 열어준 절호의 기회가 되었습니다.

닫힌 문을 열기 위한 용기

겉으로 보기에 둘째는 누가 봐도 국제중학교에서 잘 적응하고 있는 듯 보였습니다. 상장도 자주 받아오고 시험 성적도 늘 좋은 편이었으니까요. 하지만 저는 알고 있었습니다. 아이의 마음 한구석에는 싱가포르에서 경험한 글로벌 교육 환경에 대한 그리움이 여전히 자리하고 있다는 것을요.

무엇보다 중요한 건 아이의 최종 목표였습니다. 한국의 대학이 아니라 싱가포르 국립대처럼 세계적인 무대에서 공부하고 싶다는 꿈. 그렇다면 한국식 입시 시스템, 특히 SKY 중심의 대입 준비는 어쩌면 우리 아이에게는 '필요하지 않은 길'일 수도 있겠다는 생각이 들었습니다. 하지만 막상 이 이야기를 꺼냈을 때 남편은 예상보다

강하게 반대했습니다.

"지금 국제중학교에 잘 다니고 있는데 괜한 바람 들이지 마. 성적도 좋고 상장도 곧잘 받아오고, 다른 사람들은 그 학교 들어가고 싶어도 못 들어가서 안달인데……."

그 말도 일리는 있었습니다. 하지만 제 마음에는 '지금이 아니면 안 된다'는 조급함이 있었지요. 그래서 며칠 전 제가 보았던 그 운동선수의 자녀 영상을 둘째에게 보여주기로 했습니다. 영상에서는 또래 학생이 학교에 가는 대신 자신의 방에서 자기 계획대로 하루를 보내며 온라인 수업을 듣고 있었습니다. 책상 위에는 깔끔하게 정리된 노트북과 알록달록한 포스트잇이 놓여 있었고, 창밖 햇살은 자유로운 기분을 더해주었습니다. 그 모습을 지켜보던 아이의 눈빛은 분명 달라졌습니다. 마치 오랫동안 닫혀 있던 새장 문이 살짝 열리는 것을 발견한 듯한 눈빛이랄까요.

그런데 시간이 문제였습니다. 지금 다니는 국제중학교의 여름방학이 끝나가고 있는데 미국 학제상 고등학교 9학년의 시작도 2, 3주밖에 남지 않은 시점이었기 때문입니다. 미국은 고등학교가 9학년부터 시작되는 4년제 시스템이라 온라인 고등학교로 새출발하기에 가장 이상적인 시점은 지금이었던 것이죠. 한국 학제로 중학교 2학년인 아이는 한 학기가 부족한 9학년인 셈인데, 학업 성취도나 나이, 영어 능력을 고려하면 무리 없이 9학년부터 시작할 수 있을 거라 판단했습니다. 물론 이런 판단은 나중에 진학할 온라인 고등학교와도 충분히 의논해야 하는 사항입니다.

그날부터 저는 아이와 함께 미국 온라인 고등학교에 대해 알아보기 시작했습니다. 남편의 반대는 여전했지만 저는 아이의 눈에서 반짝였던 그 '빛'을 믿고 싶었습니다. 그렇게 우리 가족은 새로운 교육 여정의 첫 발걸음을 내딛었습니다.

아빠의 걱정과 엄마의 확신, 그리고 아이의 선택

예전에는 자녀 교육의 성공 조건으로 '엄마의 정보력'과 '아빠의 무관심'이 필요하다고들 했습니다. 하지만 이제 그조차 옛말이 되었습니다. 요즘은 대학 입시 설명회나 유학 박람회, 학원 설명회에도 부부가 아이와 함께 오는 경우가 흔하고, 때로는 아빠 혼자 참석하는 모습도 자주 보입니다. 입시 관련 커뮤니티에서도 아버지들의 적극적인 참여를 어렵지 않게 찾아볼 수 있죠. 맞벌이 부부가 늘면서 자연스럽게 아빠들이 교육 현장에 나서는 경우가 많아졌고, 또 자녀 교육이 예전처럼 단순하지 않기에 부부가 함께 의논하고 책임지는 문화가 자리 잡았기 때문일 것입니다.

저희도 해외 이주 전에는 평범한 맞벌이 가정이었습니다. 18년간 항공사 승무원으로 일했던 저는 중장거리 비행을 나가면 2박 3일에서 길게는 10박 11일까지 집을 비우는 일이 잦았습니다. 친정 부모님과 남편이 함께 그 공백을 메워준 덕분에 아이들은 자연스럽게 아빠와도 많은 시간을 보내며 자랐습니다. 초등학교에 입학하자 부모의 참여가 필요한 학교 행사가 많아졌고 저희는 아빠가 엄마 대신 참여하는 일이 다반사였습니다. 해외에서 국제학교에 다닐 때도 학부모 상담은 늘 부부가 함께 참여했기에 남편 역시 아이의 교육에 관심을 갖고 적극적으로 함께했습니다.

그런 남편이기에 어렵게 들어간 국제중학교를 그만두겠다는 말에 정말 당황했을 테고 혼란스러웠을 겁니다. '미국 온라인 고등학교'라는 말을 꺼냈을 때부터 그는 마음이 편치 않아 보였습니다. 남편은 아이가 외국의 국제학교에서 잘 적응해왔다는 사실은 인정했지만, 한국으로 돌아온 이상 '제대로 된 학교'에서 배우고 자라길 바랐습니다. 친구들과 어울리며 교복 입고 아침마다 등교하는 평범한 일상이야말로 아이에게 안정감과 건강한 사회성을 줄 것이라고 믿었던 것입니다.

"온라인 수업? 컴퓨터 앞에 혼자 앉아 공부하는 것이 과연 진짜 교육이 될 수 있을까? 무엇보다 걱정되는 건 학력 인정과 대학 진학 문제야. 설령 미국에서 인정받는 학교라고 해도 우리나라에서 얼마나 공식적으로 받아들여질지 모르잖아. 괜히 잘못된 길을 선택했다가 아이 미래에 막대한 영향을 줄 수도 있어."

"미국은 시차도 있는데 4년을 밤낮 바꿔 살아야 한다는 거야? 성장기 아이가 밤새우는 건 건강에 안 좋잖아. 그리고 지금은 친구들과 어울리며 사회성을 기를 시기인데, 혼자 집에서 공부만 한다는 게 말이 돼?"

급기야 남편은 "차라리 집을 팔아서라도 국내에 있는 국제학교에 보내자"라고 말하기까지 했습니다.

마침내 현실적인 경제 문제가 수면 위로 떠올랐습니다. 저희 형편에 국내의 국제학교 등록금은 적지 않은 부담이었습니다. 게다가 전 재산인 집까지 팔아야 할 만큼 그 선택이 정답이라는 확신이 들진 않았습니다. 이런 복잡한 상황에서 저는 온라인 고등학교야말로 교육과 재정 사이에서 현실적인 선택이라 생각했지만 남편은 여전히 표정이 어두웠습니다. 학교란 단지 지식을 배우는 곳이 아니라 사람을 배우고 사회를 배우는 공간이라는 그의 신념 때문이었습니다.

결국 그는 자기가 해외로 발령받는 바람에 우리 가족이 이런 상황에 놓이게 된 것이라고 자책하기 시작했습니다. "내가 이런 상황을 만들었나 봐. 정말 미안하다"라며 속상한 얼굴로 말했을 때는 저 역시 마음이 무거워졌습니다. 그는 대안으로 비인가 국제학교도 제시했지만 아이도 저도 그쪽으로는 마음이 움직이지 않았습니다.

미래를 마주할 용기 그리고 선택

그날 밤 아이에 대한 남편의 깊은 사랑과 고민을 다시금 느끼며 아이와 대화를 나누었습니다.

"우리는 지금 남들이 가지 않는 길을 선택하려고 하는 거야. 그만큼 두려움이 따를 수밖에 없지. 아빠의 말이 다 맞아. 학교는 사회를 배우는 공간이고 안정된 길을 버린다는 건 분명 모험이야. 하지만 네가 가고자 하는 길도 결국은 우리가 어떻게 만들어 가느냐에 따라 다른 결과가 나올 수 있어."

미래에 대한 확고한 목표를 가진 아이는 말없이 고개를 끄덕였습니다.

"세상에는 많은 길이 있어. 네가 온라인 고등학교를 간다고 해서 반드시 성공하는 것도 아니고, 지금 다니는 국제중학교에 남는다고 해서 결과가 나쁘리란 법도 없어. 아빠가 하는 걱정은 다 타당해. 하지만 엄마는 네게서 가능성을 봤기 때문에 지금 용기 내서 모험을 해보자고 말하는 거야."

"가능성이 보였다고? 맨날 잔소리만 했으면서……."

아이는 삐죽거렸지만 눈에는 살짝 기대감이 비쳤습니다.

"엄마가 가능성을 봤다는 건 네가 학원도 없이 중간고사를 그렇게 잘 치른 걸 보고 솔직히 놀랐기 때문이야. 한국어가 완벽하지 않은 상황에서도 스스로 공부하고, 오답 정리하고, 계획을 세우는 모습이 정말 대견했어. 그러면서 한국어 실력도 눈에 띄게 늘었지. 학교에서 말하는 자기주도학습이라는 게 말처럼 쉬운 일이 아니야. 사실 다른 아이들은 그게 안 돼서 학원 다니잖아? 학교나 학원이 네 인생을 대신할 순 없어. 가장 중요한 건 너 자신이야. 엄마는 네가 어디에 있어도 빛나는 아이란 걸 믿어."

"그럼, 나 온라인 고등학교라는 거, 하면 잘할 수 있을까?"

아이가 살짝 자신 있는 눈빛으로 물었습니다.

"엄마도 미국 온라인 고등학교가 정확히 어떤 시스템인지, 어디가 좋은지 다는 몰라. 하지만 중요한 건 네가 이 결정을 후회하지 않도록 진심으로 준비하고 도울 거야. 만약 후회하게 되면 한국 학교로 돌아와도 괜찮아. 다만 입시 일정이 많이 꼬일 수 있으니 신중하게 결정해야 해."

"네가 결심하면 엄마는 끝까지 함께 갈 거야. 어떤 결과가 나오든 후회하지 않을 만큼 최선을 다하자. 엄마는 네 안의 가능성을 믿고 투자할게. 혹시 결과가 안 좋다고 해도 절대 미안해하지 마."

아이는 원래 결정을 잘 내리지 못하는 성격이었지만 그 순간만큼은 제 단호한 태도와 자신의 미래를 마주할 용기가 맞물리면서 빠르게 결정을 내렸습니다.

"엄마, 나 미국 온라인 고등학교에 다니고 싶어."

저는 십 대 초반의 어린아이가 이런 큰 결정을 내려야 한다는 사실에 마음이 아려, 아이를 꼭 안아주었습니다. 그리고 아이의 귓가에 속삭였습니다.

"우리에겐 후퇴란 없어. 이제부터 우리는 동반자야."

미국 학제 vs. 한국 학제 비교표

항목	한국 학제	미국 학제	비고/설명
고등학교 기간	고1~고3(3년제)	Grade 9~12(4년제)	미국은 고등학교가 4년 과정
학기 제도	3월 시작~2월 종료 (2학기제)	8월 시작~6월 종료 (2학기제)	학년도 기준 다름, 전학 시 학기 공백 고려 필요
내신 평가 방식	상대평가 (등급제)	절대평가(GPA: 4.0 또는 5.0 만점)	GPA 해석 기준과 변환에 주의
진학 평가 요소	수능, 내신, 논술/면접 등	SAT/ACT, 에세이, 추천서, 과외활동 등	미국은 정량 + 정성 종합 평가 중심
특별활동 반영	일부 반영 (특목고·대학 등)	매우 중요	리더십, 봉사, 프로젝트 등 비교과 활동이 대학 평가에 큰 영향
과목 선택의 폭	제한적 (정해진 과목 위주)	다양(레벨별, 관심 분야 선택 가능)	자기주도학습과 진로 맞춤 설계에 유리
AP/IB 프로그램	없음(국제고, 일부 외고 제공)	대부분 AP과정이나 IB과정 학교도 소수 있음	대학 학점 선이수 및 경쟁력 강화용 프로그램

> **참고**

미국 학제로 전환할 때 꼭 알아야 할 포인트

- **학년 조정**
- 한국 중학교 2학년 → 미국 Grade 8에 해당
  하지만 나이보다는 이수한 교육과정 기준으로 학년을 정하기도 함
  예) 한국 중2 여름 → 미국 Grade 9(중3)로 진학 가능하나 학교와 상의

- **졸업 요건 확인 필수**
- 한국 고등학교 도중 전환할 경우 미국 고등학교 졸업에 필요한 크레딧(학점)을
  충족해야 함
- 각 주(State)마다 졸업에 필요한 과목/학점 기준이 다름
  → 전학 전 해당 학교 확인 필수

- **대학 입시 시 학력 인정**
- 한국 대학 입시는 해외 대학 입학 전형의 기준을 출입국 기록에 의거하므로 미국 온라인 고등학교 졸업은 인정하지 않음
  검정고시로 고교 졸업자격을 입증해야 함
- 미국 대학은 GPA, 추천서, 에세이, 과외활동 등 입체적인 인물 평가를 중시함

- **전학 타이밍 고려**
- 한국: 3월 시작 / 미국: 8~9월 시작 → 중간 전학 시 공백 기간 생길 수 있음
  TIP: 여름방학(6~8월) 동안 미국식 커리큘럼 체험 학습 또는 온라인 수업으로
  전환 준비 가능

제도권 밖에서
다시 시작한 배움

무더위가 절정에 이르렀던 8월, 개학을 앞두고 저와 아이는 인생의 갈림길에 서 있었습니다. 모두가 새 학기를 준비하며 분주히 움직일 때, 우리는 오히려 국제중학교라는 안정된 울타리를 벗어나 전혀 다른 세상으로 들어갈 준비를 하고 있었습니다. 미국 온라인 고등학교. 이름부터 낯선 그 세계가 어떤 모습인지 선명하게 그려지지도 않았습니다. 하지만 그 여름, 아이와 저는 수많은 대화와 고민 끝에 모험을 시작하기로 마음먹었습니다. 그리고 첫 관문은 바로 '중학교를 그만두는 일'이었습니다.

익숙했던 일상과 사람들을 등지고 안정적인 제도권 교육을 벗어난다는 것은 생각보다 훨씬 더 무겁고 외로운 선택이었습니다. 세상의 기준에서 벗어난 삶을 시작하는 그날 아침, 말없이 아이의 가방을 챙기며 수차례 스스로에게 물었습니다. '정말 이게 맞는 길일까?' 그렇게 불안과 결단이 교차하는 복잡한 감정으로 우리는 학교로 향했습니다.

개학 당일 아침, 남편은 끝내 우리의 결정을 완전히 받아들이지 못한 채 무거운 표정으로 출근했습니다. 결국 학교를 찾은 건 저와 아이, 둘뿐이었지요. 전화를 걸어 담임선생님께 '학교를 그만두고 싶다'는 뜻을 전하자 선생님은 조용히 "직접 오세요"라고 말씀하셨습니다. 그 짧은 대답이 주는 무게는 결코 가볍지 않았습니다. 학교로 향하는 길, 수많은 장면이 머릿속을 스쳐 지나갔습니다. 이 학교에 들어오기 위해 준비했던 시간들, 급하게 싱가포르 대사관에서 서류를 발급받고, 다니던 국제학교의 미들스쿨 교장 선생님께 추천서를 부탁드리고, 행정실에서 받아온 서류들을 일일이 챙기며 지원서를 완성했던 그 모든 순간이 마치 필름처럼 떠올랐습니다.

사실 학교장 추천서는 필수가 아니었지만 어떻게든 이 학교에 보내고 싶었던 간절한 마음에 더 좋은 인상을 남기고 싶었습니다. 막상 추첨 당일에는 코로나 격리로 저와 아이는 참석조차 할 수 없었고, 남편이 홀로 서류를 들고 출석했지요. 어렴풋한 기억이지만 쉽지 않은 7:1의 경쟁률을 뚫고 받아낸 합격증이 저희 가족에겐 '로또'처럼 느껴졌습니다. 세상에 이런 행운은 다시없을 거라 믿었던 그 로또를 내려놓겠다고, 아이의 손을 잡고 다시 학교에 들어서려니 가슴이 먹먹했습니다.

한편으론 그동안 마음 한편에 남아 있던 쓸쓸한 기억도 떠올랐습니다. 학교 행정실에 서류를 제출하러 갔던 남편은 직원에게서 "여기는 국제학교가 아닙니다. 한국 중학교예요. 많이들 착각하시는데 국제학교 시스템이 아니라고요"라는 단호하고 퉁명스러운 말을 들었다고 했습니다. 그것을 전해듣고는 '나도 알아요. 친구 딸도 여기 나왔고, 싱가포르에 있던 누구도 여기 다녔다고……' 하며 나름 자신했는데, 이렇게 중도에 자퇴하게 될 줄은 상상도 못했습니다. 그토록 공들였던 학교를, 남들이 부러워하던 기회를 스스로 내려놓는 우리 모습이 안쓰럽고 또 두려웠습니다.

아이와 함께 묵직한 마음으로 교문을 들어섰습니다. 한때는 친구들과 웃고 떠들며 지나던 그 길을, 이제는 엄마와 함께 조용하고도 어색한 발걸음으로 걷고 있습니다. 아이의 이마에 맺힌 땀방울이 무더위 때문인지 긴장과 불안 때문인지 분간도 되지 않았습니다. 그 땀방울이 눈물처럼 보여 괜히 마음이 짠했습니다. 아이의 땀을 닦아주며 괜찮다고 말해주고 싶었지만 정작 제 자신조차 괜찮지 않았습니다.

'우린 정말 옳은 길을 가고 있는 걸까, 혹시 아무도 없는 섬으로 표류해버리는 건 아닐까……'

머릿속에는 수많은 의문이 줄지어 떠올랐습니다. 그런데 그 순간 아이가 제 손을 꼭 잡아주었어요. 흔들리는 엄마를 오히려 다독이듯, 조용히 걸음을 옮기는 아이의 손끝에서 저는 말로 설명할 수 없는 강인함을 느꼈습니다. 우리는 그날 뜨거운 여름 햇볕 아래, 서로의 손을 꼭 잡고 다른 길로 향하는 문을 열었습니다.

그렇게 도착한 학교는 코로나로 인해 개학식조차 대면으로 열리지 않았습니다. 줌을 통해 짧게 진행된 온라인 개학식은, 마무리에 대한 아무런 실감도 여운도 남기지 못한 채 스쳐 지나갔습니다. 그날 아이의 등교는 친구들에게 작별 인사를 전할 수 있는 마지막 기회였지만 결국 어떤 이별의 형식도 갖추지 못한 채 끝나버렸습니다. 교실도, 책상도, 친구도 없이 그저 어른들의 의례적인 대화 속에서 '떠나는 학생'으로만 남았습니다. '만나서 같이 밥 먹자'는 인사도, '주말에 함께 놀러 가자'는 약속도 전하지 못하고 공중으로 흩어졌습니다.

담임선생님과 짧은 상담을 나누는 동안 아이는 혼자 조용히 복도를 걸으며 몇몇 선생님들과 마지막 인사를 나눴습니다.

"그동안 감사했습니다."

짧고 작고 또렷한 말. 저는 그 순간 아이의 의젓함에 조금 놀랐습니다. 평소 감정 표현이 풍부하고 눈물 많은 아이라 혹시라도 선생님 앞에서 울음을 터뜨리면 어쩌나 걱정했는데 아이는 놀랍도록 차분했습니다. 그 모습에서 이미 단단히 마음을 다잡은, 그러나 제 속은 말할 수 없이 복잡했을 아이의 심정을 느낄 수 있었습니다.

특히 사람을 좋아하고 정이 많은 아이였기에, 잘 다니던 학교와의 갑작스러운 이별은 큰 상실감으로 다가왔을 것입니다. 친구에게 받은 빼빼로데이 초콜릿 빈 상자를 책상 위에 고이 올려두며 "이건 버릴 수 없어. 나한텐 너무 특별해"라고 말하던 모습이 떠올랐습니다. 그런 아이에게 작별 인사도 없이 학교를 떠나야 한다는 건 꽤 잔인한 일이었을 겁니다. 학급 친구들과 마지막 인사를 나눌 수 있었다면 아마 눈물바다가 되었겠지요. 오히려 이 모든 상황이 아이의 감정을 조용히 감출 수 있는 방패막이가 된 것은 아닐까, 저는 이기적으로 이 상황을 합리화했습니다.

함께 결정을 내렸다고는 하지만 결국 낯선 길로 이끈 건 저였기에 아이의 복잡한 감정을 온전히 끌어안는 것 또한 제 몫이었습니다. 손을 잡아주며 괜찮다고, 잘될 거라고 위로하고 싶었지만 제 마음 한구석엔 말로 다 표현하지 못할 미안함이 깊숙이 자리하고 있었습니다. '아이가 혼란스러워하지는 않을까, 상처받지는 않았을까' 하는 걱정이 끊임없이 밀려왔고, 이 조용한 이별이 아이의 마음에 어떤 흔적으로 남게 될지, 막연한 두려움을 품고 우리는 발걸음을 돌려 학교를 나왔습니다.

'정원외유예'라는 낯선 제도

아마도 많은 분이 그렇겠지만 저 역시 알지 못했습니다. 중학교는 의무교육이기에 스스로 자퇴할 수 없다는 것을요. 자퇴는 고등학교부터 가능하며 중학생이 학교를 그만두기 위해서는 '미인정 결석'이 60일 이상 누적되어야 합니다. 그렇게 되어야 비로소 '정원외유예'라는 상태가 주어지고 학교에 가지 않아도 되는 법적 지위를 가질 수 있습니다.

아이가 다닌 학교는 사립국제중학교라서 수업을 받지 않아도 등록금은 그대로 청구된다는 안내를 받았습니다. 학교 측에서는 집 근처 공립중학교로 전학한 다음 그 학교에서 '미인정 결석'을 통해 유예 처리를 받는 것이 현실적인 방법이라고 조언해주었습니다. 정리하자면, 이 상황에서 합법적으로 학교를 다니지 않을 수 있는 방법은 공립중학교로 전학하고, 더 이상의 불필요한 등록금 납부 없이 60일의 미인정 결석을 채우는 것이 최선이라는 것이죠. 이렇듯 넘어야 할 또 다른 산이 남아 있었습니다.

그러니 이제는 정원외유예를 허가받기 위해 공립중학교에 전학 절차를 밟아야 했습니다. 전학 온 첫날부터 학교를 다니지 않고 집에서 미국 온라인 고등학교 수업을 받겠다고 하니 교감선생님을 비롯한 교무실의 선생님들은 매우 놀라시는 눈치였습니다.

"미국 온라인 고등학교?"라며 다들 들어본 적 없는 학교를 의심스러워했습니다. 그래서인지 혹시 전에 다녔던 국제중학교에서 무슨 불미스런 일이 있었는지 묻기도 하고, 일단 이 학교를 다녀보는 것이 어떠냐고 설득도 하셨습니다. 마치 학교를 안 다니겠다고 생떼를 부리다 교무실로 끌려온 문제아가 된 기분이었습니다. 모든 선생님의 눈길이 신기한 듯 저와 아이를 향해 있었습니다. 상황이 이리 되니 뭔가 잘못되고 있다는 공포감마저 들었어요.

"왜 학교를 안 다니려고 하죠? 미국 고등학교를 온라인으로 하겠다고 대한민국의 의무교육을 안 받겠다는 겁니까? 그게 말이 됩니까? 학교를 안 보내면 부모님에게도 법적 책임이 있습니다."

교감선생님의 단호한 말씀에 저도 아이도 잔뜩 얼어붙었습니다. 하지만 이미 일은 벌였으니 밀고 나가는 수밖에 없었지요.

"제발 정원외유예자가 되게 해주세요."

저도 모르게 감정이 북받쳐 올라 눈물이 왈칵 쏟아졌습니다. 그동안 참아왔던 불안과 긴장이 나이 지긋한 교육자의 충고와 우려에 무너졌습니다. 고집을 부리며 떼쓰는 아이가 되어버린 이 학부모 앞에서 감사하게도 교감선생님은 한걸음 물러서 주셨습니다.

학생의 안전을 확인하기 위한 절차였는지, 교감선생님은 선생님 한 분에게 즉시 자택 방문을 하도록 지시하셨고 해당 선생님은 아이의 방을 둘러보고는 이내 돌아가셨습니다. 아마 학대받는 아이는 아닌지 주변 환경을 점검하셨던 것 같습니다. 이후로는 담임선생님이 정기적으로 전화를 주셨습니다. 잘 지내고 있는지 아이에게 직접 안부를 물었고, 전화를 못 받을 때면 문자를 남겨 아이가 직접 전화하도록 유도하셨습니다. 그렇게 학교는 학교 밖으로 나간 학생까지 돌봄의 손길로 보듬어주었습니다. 겉보기에 형식적인 절차처럼 느껴질 수도 있지만 저는 그분들의 관심과 책임감에 마음 깊이 감사했습니다.

이렇게 정원외유예 대상자가 되는 과정은 무더운 여름에 시작하여 찬바람 부는 늦가을에 마무리되었습니다. 처음에는 감시받는 것 같아 불편한 마음을 내비치던 아이도 시간이 지나며 학교의 뜻을 이해했고, 나중에는 매번 전화를 주시던 담임선생님께 '그동안 감사했습니다'라는 문자를 보낼 정도로 마음이 자랐습니다.

제도권 밖으로 나간다는 것은 단지 수업의 문제만은 아니었습니다. 친구가 건네던 작은 쪽지, 수업 끝나고 나누던 간식, 체육 시간의 웃음…… 그런 것들이 하루아침에 사라진 공백을 아이는 온몸으로 감당해야 했습니다. 사람 좋아하던 아이는 외로웠고, 걱정 많은 엄마는 그 외로움을 지켜보는 게 더 힘들었습니다. 누군가는 말했습니다. "아직 어려서 뭘 모르고 그만두는 거지, 나중에 후회할 거야." 또 누군가는 "중학교 때 자퇴라니, 너무 이르다"고도 했지요. 이렇게 교육의 의무를 내려놓는다는 것은 주위의 시선에서 자유롭지 못했을 뿐더러 또래 문화를 누리지 못하는 외로움은 15살 아이에게는 큰 도전이었습니다.

그러나 그 시간 속에서 아이는 자유와 자기주도성이라는 새로운 가치를 배워갔던 것 같습니다. 우리는 '보호' 대신 '성장'을 선택했고, 제도권 밖에서 배운 그 모든 경험이 아이를 더 깊고 단단하게 키워주고 있었습니다. 하루하루가 실험이었고 매일이 질문이었습니다.

'이 길이 맞을까?' '괜찮을까?' '다시 돌아가야 할까?'

그 모든 물음에서 우리는 아이의 목소리에 귀 기울였고 아이는 그 질문에 조금씩, 그러나 분명한 목소리로 답하기 시작했습니다.

'정원외유예' 제도란 무엇인가요? 중학생은 자퇴할 수 없다고요?

한국에서 중학교는 의무교육에 해당하기 때문에 스스로 자퇴하는 제도는 존재하지 않습니다. 중학생이 학교를 그만두려면 다음과 같은 절차를 거쳐야 합니다.

1. 미인정결석 60일
학교가 출석으로 인정하지 않는 날이 60일 이상 누적되면 학교 측은 해당 학생을 '정원외유예' 대상자로 처리할 수 있습니다. 즉, 출석하지 않는 날을 일부러 누적시켜야 하는 다소 불편하고 긴 과정입니다.

2. 정원외유예
학교에 재학 중이지만 정원에서 제외된 상태를 의미합니다. 법적으로는 아직 학생이지만 사실상 학교에 출석하지 않아도 되는 상태입니다. 하지만 학교생활기록부에는 '정원외유예'로 남기 때문에 추후 공식 증빙이 필요한 상황을 고려해야 합니다.

3. 공립과 사립의 차이
사립학교는 유예 상태에서도 등록금 납부 의무가 발생할 수 있습니다. 그래서 많은 경우, 공립중학교로 전학한 뒤 유예 절차를 밟는 방식을 선택합니다.

4. 보호자 책임 및 학교의 조치
무단결석이 장기화되면 학교는 학생의 안전과 복지를 위해 보호자에게 연락하거나 자택 방문, 전화 면담 등을 진행합니다. 이는 단순히 감시가 아닌, 학생의 삶과 복지를 보호하기 위한 제도적 장치입니다.

2장

미국 온라인 고등학교, 낯선 여정의 시작

아침 산책이
아이를 바꿨습니다

　　아침마다 분주하게 등교하던 아이의 일상은 온라인 고등학교 입학과 함께 완전히 달라졌습니다. 이제는 알람 소리에 허둥지둥 일어나 등교 준비를 하는 모습도, 등굣길 지하철을 놓치지 않기 위해 달려가는 모습도 더 이상 볼 수 없었습니다. 갑자기 찾아온 여유로운 아침은 반가우면서도 낯설었습니다. 무엇을 해야 할지 몰라 막막함 속에 놓였고, 아이는 오히려 학교생활을 그리워하는 것 같았습니다. 떠나고 싶어 떠난 게 아니라는 사실은 더 깊은 허전함을 남겼습니다.

　　이런 엄마의 불안을 읽었는지 아이는 '학교 안 가서 좋은 점이 있다'며 너스레를 떨기도 하였습니다.

　　"은지를 안 봐서 그건 좋네. 걔는 나를 경쟁자라고 생각하는지 맨날 나 뭐 하고 있는지, 몇 점 받았는지, 그런 거 물어볼 때만 친한 척하는데 정말 스트레스였어. 상대하기 싫었지만 맨날 할 수 없이 대답해줬는데 이제 안 봐도 되니까 좋네."

하지만 아이의 표정은 밝지 않았습니다. 아이에겐 좋은 친구들이 더 많았으니까요. 복도에서 친구들과 장난치던 재미, 체육 시간의 활기, 교실의 소란스러움까지 모두 사라져버렸죠. 그 모두를 마음속에 담은 채 아이는 하루하루를 견뎠습니다.

처음 몇 주간은 아무렇지 않은 듯 온라인 수업에 열심히 참여했고 새로운 환경에 적응해 보이려 애썼습니다. 하지만 문득문득 흘러나오는 혼잣말 속에는 아이의 진심과 '우리 반'에 대한 여전한 애정이 남아 있었습니다. "오늘 친구들 체육대회 한다던데……." 이 한마디는 얼마나 큰 상실감을 느끼고 있는지를 알려주는 신호 같았습니다.

이런 아이를 바라보며 더 큰 책임감을 느꼈습니다. 선택에 대한 불안은 여전했고 의무교육을 거부한 데 대한 죄책감도 밀려왔습니다. 이웃의 시선도 저를 위축시켰습니다. '왜 학교를 안 가지?' '무슨 문제가 있는 걸까?' 입 밖으로 꺼내지 않아도 충분히 말하고 있었습니다. 그러던 어느 날 오랫동안 알고 지낸 이웃집 아이가 무심코 던진 말은 비수처럼 마음에 박혔습니다.

"우리 엄마 말대로 너네 엄마 유별나."

단순한 농담이었겠지만 그 말은 아이에게 상처가 되었고, 저는 그 뒤에 감춰진 어른들의 시선을 실감했습니다. 우리가 선택한 길이 고립된 길임을, 외로운 여정이 될 것임을 여실히 느낄 수 있었지요.

그동안 코로나 사태가 지속되면서 학교에서 체육활동은 부족했고 과도한 숙제로 인해 따로 체력 관리를 하는 것이 어려웠습니다.

건강했던 아이는 점차 기력을 잃고 활동량이 줄면서 체중은 늘고 있었습니다. 이런 최악의 컨디션으로 미국 동부 시차에 맞춰 온라인 고등학교를 시작했으니 몸도 마음도 말이 아니었습니다. 불행하게도 아이의 하루는 완전히 뒤바뀌었습니다.

미국 동부에 위치한 온라인 고등학교의 라이브 수업은 시차 때문에 밤 10시에 시작돼 새벽 4시에 끝나는 날도 있었습니다. 물론 모든 라이브 수업은 참여하지 못한 학생을 위해 녹화본이 제공됩니다. 하지만 아이는 하루라도 빨리 온라인 고등학교에 적응하기 위해 실시간으로 참여했습니다. 이런 생활 리듬은 성장기 아이에게 큰 부담이었습니다. 초반에는 적응하느라 바빠서 체감하지 못했지만 시간이 지날수록 피로는 쌓이고 신체 리듬은 무너졌습니다. 밤새 수업을 듣고 해가 중천에 뜰 무렵 잠드는 생활이 반복되면서 아이의 기분은 가라앉고 의욕은 떨어졌지요.

이 시점에 제가 할 일은 시차로 인한 컨디션 조절이었습니다. 아이의 정서와 건강을 위해 무엇을 해야 할지를 고민하며 관련 서적과 논문을 찾아보기 시작했습니다. 그렇게 찾은 해결책 중 하나는 의외로 단순한 것이었어요.

"매일 아침, 햇볕을 쬐어야 한다."

단순하지만 강력한 이 조언은 우리의 생활을 긍정적으로 변화시키는 계기가 되었습니다. 온라인 고등학교에는 PE(체육) 수업이 없었지만 오히려 그 덕분에 외부 활동을 자유롭게 설계할 수 있습니다. 처음에는 테니스를 떠올렸습니다. 아이가 예전부터 아빠와 함께 테니스를 즐겼기 때문입니다. 대학 입시에 도움이 될 수도 있겠구나 생각했지만 지금 아이에게 가장 필요한 것은 입시 전략이 아닌 정서 회복과 체력 보충이었습니다. 정기적으로 테니스 강습을 받으면 강사와의 교류와 스포츠 능력은 향상되겠지만 아이의 정서적 외로움에 큰 도움은 될 것 같지 않았습니다. 취미로 운영되는 청소년 테니스 강습반이 있는지 알아보았지만 아쉽게도 또래 중고등학생들을 위한 테니스반은 없었습니다. 궁리 끝에 없는 또래를 찾기보다 있는 것을 활용하자는 생각에 아이에게 제안했습니다.

"아침마다 엄마랑 산책하자."

저도 함께 운동할 친구가 필요하기는 마찬가지였습니다. 사실 아이와 함께하는 아침 산책을 갑자기 생각해낸 것은 아니었습니다. 우리 가족은 싱가포르 생활 중 코로나 사태를 맞았고 학교 수업이 줌 수업으로 전환돼 아이들은 집에 꼼짝없이 갇히게 되었습니다. 싱가포르의 코로나 방역수칙은 매우 엄격했고 외국인 신분에 규정을 어기면 바로 추방되기 때문에 엄수할 수밖에 없었습니다. 감염을 우려해 집합 자체가 불법이라 외부 산책이나 운동도 오직 한 지붕 가족만 함께할 수 있었습니다. 적도의 무더운 싱가포르지만 아이들의 건강관리를 위해 집 근처 공원으로, 조금 선선한 해뜨기 전이나 해질 녘에 나가는 것이 일상이었습니다. 한국으로 돌아온 후 재택근무를 하던 저는 다행히도 오전 시간을 함께 보낼 수 있었기에 매일 아침 햇살을 쐬며 걸어보기로 결심했습니다.

하지만 아이는 꺼렸습니다. 미국 온라인 고등학교를 가겠다고 선언한 후 주변 시선에 마음을 많이 다친 아이는 또래 친구들이 학교로 향하는 시간에 운동복 차림으로 엄마와 걷는 자기 모습이 싫었던 겁니다. 이 나이 아이들에게는 튀는 것 자체가 부담으로 작용하기도 하니까요. 또래 관계가 중요한 시기에 친구가 사라진 아이는 자신을 사회적 이방인처럼 느꼈을 테고 그 마음이 너무나 이해됐습니다. 그래서 설득했습니다.

"그럼 등교 시간 후에 나가보자. 아무도 우리를 신경 쓰지 않아. 학교에 가지 않기로 결정한 것도 네가 스스로 선택한 길이잖아. 그 길을 걷는 중이라면 남들 시선보다는 네 발걸음을 더 믿어야 해. 스티브 잡스 알지? 아이폰 만든 사람. 그 사람도 너 또래였을 때는 좀 다르게 살았대. 학교 수업이 지루해서 선생님 말씀에 황당한 질문도 하고 그랬나 봐. 그러다 보니 친구들이랑도 못 어울리고 혼자 있는 시간이 많았다고 해. 사람들은 그를 좀 이상하다고 생각했을 수도 있어. 근데 스티브 잡스는 자기가 좋아하는 걸 끝까지 파고들었어. 고등학생 때 HP 회사에 전화해서 필요한 부품을 달라고 했다더라. 회사 사람들도 놀라긴 했지만 결국은 도와줬고, 그 경험이 나중에 컴퓨터를 만들게 되는 계기가 되었대."

아이들에게 친숙한 아이폰에 관한 인물 얘기를 하자 귀를 기울이기 시작했습니다.

"다들 똑같이 움직일 때 혼자 다른 방향으로 나아가는 게 처음엔 되게 외로워. 근데 결국 그런 사람이 새로운 길을 만드는 거야. 엄마는 지금 네가 걷는 길이 바로 그런 길이라고 생각해. 아직은 좀 불안하고 눈치도 보이겠지만, 사실은 누구보다 앞서가는 거야. 그러니까 남들이 뭐라든지 그냥 한 걸음씩만 내딛어보자. 우리만의 아침을 시작해보는 거야."

아이는 잠시 생각에 빠진 듯하더니 엄마와의 아침 산책이 싱가포르에서도 해왔던 일상임을 떠올린 것 같았습니다. "맞아! 어차피 나는 라이브 수업 때문에 새벽에 잠드는 날도 있으니 10시쯤 일어나 나가면 되겠네"라며 흔쾌히 맞장구를 쳤습니다. 그렇게 우리의 아침 산책은 학교가 조용해진 오전 10시쯤, 중랑천에서 한강까지 이어지는 길을 따라 조용히 시작되었습니다.

아침 햇살이 바꿔놓은 하루

이 작은 산책이 가져온 변화는 생각보다 훨씬 놀라웠습니다. 단지 매일 아침 햇빛을 쐬며 걸었을 뿐인데 아이의 하루는 아주 조금씩 그러나 분명히 달라지기 시작했습니다. 처음 며칠 동안은 그냥 바람 쐬고 오는 기분 전환의 시간으로 생각했습니다. 하지만 시간이 흐르면서 아이는 표정이 부드러워졌고 짜증이 줄었으며 집중력도 이전보다 나아지는 모습이 눈에 띄었습니다. 하루하루 조금씩 다시 자기 자신을 찾아가고 있었던 겁니다.

이 변화는 단순한 '기분 탓'이 아니었습니다. 햇빛이 사람의 뇌와 몸에 어떤 영향을 미치는지는 여러 연구들이 생리학적으로 설명하고 있습니다. 햇살을 받으면 뇌에서 세로토닌이라는 신경전달물질이 활성화되는데, 이 세로토닌은 긍정적인 기분과 감정 조절에 깊게 관여합니다. 특히 밤이 되면 세로토닌은 수면을 유도하는 멜라토닌으로 전환되며 이 과정은 자연스러운 수면 주기를 만들고 숙면을 도와줍니다. 생체리듬이 안정되면 하루를 계획적으로 보내기 쉬워지고 뇌도 더 효율적으로 기능하게 됩니다.[1]

또한 햇빛은 비타민 D 생성을 돕습니다. 비타민 D는 뼈 건강뿐 아니라 면역력과 감정 조절에도 중요한 역할을 합니다.[2] 한국 청소년의 70퍼센트 이상이 비타민 D 결핍 상태에 있다는 조사 결과도 있습니다. 실내에서 대부분의 시간을 보내고 학원과 숙제에 쫓겨 햇빛을 거의 쬐지 못하는 현실 속에서, 우리 아이 역시 몸과 마음이 지쳐 있던 것이지요.

이렇게 시작한 하루 1시간의 산책은 단순한 운동이 아니라 우리 삶의 강력한 전환점이 되었습니다. 아침 햇빛을 받으며 조용히 걷는 시간은 아이에게 '하루의 시작'을 알려주는 생체신호가 되었고, 몸과 뇌를 동시에 깨우는 리듬이 되었습니다. 며칠 만에 아이는 빠른 걸음으로 걷기 시작하더니 어느 날은 걷다 말고 "뛰고 싶어"라고 말하며 갑자기 속도를 내어 저만치 앞서 가기도 했습니다. 그 모습이 아직도 뇌리에 선명합니다. 그동안 아이 마음속에 있던 무기력과 불안이 점점 벗겨지고 있음을 감지할 수 있던 순간이었으니까요.

---

1 Lambert et al., "Effect of sunlight and season on serotonin turnover in the brain," The Lancet, 2002

2 Holick, M.F., "Vitamin D Deficiency," New England Journal of Medicine, 2007

시간이 조금 더 여유로운 날이면 우리는 중랑천에서 청계천 방향으로 걷다가 광화문까지 달려가 보기도 했습니다. 몸과 마음이 가벼워졌고 숨이 찰 정도로 뛰고 난 후 아이는 "가슴이 뻥 뚫리는 것 같아!" 하며 해맑게 웃었습니다. 그 웃음을 보는 순간, 이제는 우리가 제 궤도에 올랐다는 확신이 들었습니다. 결국 매일 햇빛을 받는 단순한 습관이, 아이의 뇌와 몸에 '이제 하루가 시작됐다'는 강력한 신호를 보내는 조절 장치가 되었습니다. 이 신호 하나로 다시 생체시계를 맞추고 감정과 집중력을 회복하며 하루를 건강하게 이어갈 수 있었던 것입니다.

이 경험은 오래전에 책에서 읽었던 미국 일리노이주의 '나이퍼빌 센트럴 고등학교 Naperville Central High School'의 사례를 떠올리게 했습니다. 이 학교는 '제로 아워 체육 Zero Hour PE'이라는 프로그램을 운영했습니다. 정규 수업을 시작하기 전 20분간 유산소 운동을 하는 이 프로그램은 처음엔 실험적인 시도였지만 놀라운 결과를 낳았습니다. 프로그램에 참여한 학생들은 수학 점수가 평균 17퍼센트 상승했으며 집중력과 감정 조절 능력도 현저히 향상되었습니다. 이 사례는 운동이 단지 체력만이 아니라 뇌의 기능, 학습 능력, 정서적 안정까지 연결된다는 사실을 증명했습니다. 우리 아이의 아침 산책도 마찬가지입니다. 처음에는 단순한 걷기였지만 점차 정신적 에너지를 깨우고 스스로의 리듬을 회복하게 했습니다.

산책은 어느덧 일상 루틴이 되었습니다. 처음엔 엄마의 권유였지만 시간이 지나면서 아이는 스스로 아침 준비를 하며 산책을 기다렸고 이후의 일과도 더 주도적으로 수행하기 시작했습니다. 산책으로 하루를 시작하면서 뇌가 자연스럽게 깨어나고 수업에 집중하기가 한결 수월해졌습니다. 스스로 기상하고 일과를 정리하는 모습을 보며 아이가 다시 삶을 사랑하게 되었음을 느꼈습니다. 장마철 비 오는 날에도 우리는 우산을 들고 길을 나섰습니다. 비 오는 날의 산책은 또 다른 힐링이 되었지요. 졸졸 흐르는 물소리, 촉촉한 공기, 잔잔한 빗방울 소리 모두가 아이에게 위로가 되었던 것 같습니다.

이제 아이는 아침 산책의 전도사가 되었습니다. "단지 밖에 나가는 게 중요한 게 아니야. 햇빛과 신선한 공기를 맞으면 기분이 너무 좋고 행복해져"라며 친구들에게도 산책을 권합니다. 미국 고등학교 1년 중 가장 바쁜 시기인 AP 시험 기간에도 아이는 자신만의 루틴을 지켜냈습니다. 아침 운동 대신 새벽부터 도서관으로 향해 늦은 밤까지 공부를 이어가야 했지만, 집중이 흐트러질 때면 잠시 도서관 밖으로 나와 햇살 아래 산책하고 돌아와 공부에 몰입하곤 했습니다. 그렇게 걷는 짧은 시간은 오히려 머리를 맑게 하고 집중력을 되찾는 소중한 리셋 버튼이 되어주었지요.

산책을 계기로 아이는 자신감과 자존감을 되찾기 시작했습니다. 집에서 혼자 공부하다 보면 집중이 안 되는 날도 있는데, 그럴 때면 "카페에서 공부해볼까?"라며 자신만의 공부 장소를 찾아보기도 했습니다. 소란스러운 카페에서 스터디카페를 거쳐, 결국은 조용하고 쾌적한 구립도서관 열람실에 자리를 잡기까지, 더 이상 남의 시선은 신경 쓰지 않게 되었습니다. 다양한 연령대의 사람들이 각자의 목표를 향해 집중하는 곳에서, 학교에 가지 않는 아이는 '이상하다'는 생각도 점점 사라졌습니다. 오히려 '각자의 삶을 충실히 살아가는 것'이 진정한 인생이라는 걸 자연스럽게 깨닫게 됐던 것이지요.

입시 준비로 바쁜 와중에도 아이는 자신을 위한 시간을 만드는 법을 알아가고 있었습니다. 어느 날은 "나 전부터 기타 배우고 싶었어" 하며 기타 학원에 다니게 해달라고 했습니다. 그렇게 시작된 주 1회의 기타 수업은 시간이 지나면서 취미 이상의 의미가 되었죠. 온라인 고등학교에서 주최한 TALENT SHOW에 2년 연속 기타 연주자로 참여하며 자신감을 얻었고, 연습 과정은 스트레스를 해소할 수 있는 휴식이 되었습니다. 입시의 긴장 속에서도 아이는 자신을 사랑하는 방법을 배우고 있었던 것입니다.

이 모든 변화가 하루 한 시간, 햇빛 아래에서 조용히 걷는 것에서 시작되었습니다. 그 단순한 시작이 아이의 감정, 건강, 집중력, 그리고 삶을 대하는 태도까지 바꾸어놓았습니다. 산책은 단순한 활동이 아니었어요. 그것은 삶을 다시 주도할 수 있게 만든, 작지만 가장 강력한 '전환의 시간'이었습니다.

만약 아이가 힘들어한다면 이 방법부터 시도해보는 것이 어떨까요?

학교라는 울타리에서 벗어나야 했던 15살에게 입시는 여전히 무거운 짐이었습니다. 유산소 운동은 그 짐을 나눠지는 도구가 되었습니다. 아이에게 아침 산책은 단지 운동이 아니라 삶을 회복하고 주도해 나가는 힘의 원천이었습니다.

사실 청소년의 정서적 어려움은 온라인 고등학교를 선택한 우리 아이만의 문제가 아닙니다. 대치동 학원가에 밀집한 심리상담센터의 현실이 이를 말해줍니다. 약물치료가 필요한 경우도 있지만 부모가 먼저 시도해볼 수 있는 방법은 분명 존재합니다. 저는 산책이나 달리기, 즉 유산소 운동이 그 첫걸음이라고 믿습니다.

그리고 지금, 아이와 함께한 아침 산책이 그 첫걸음이 되었다는 사실에 감사합니다. 아이가 다시 웃고 스스로를 사랑하게 된 이 여정의 시작에, 엄마와 함께한 아침 햇살이 있었음을 오래도록 기억하길 바랍니다.

처음부터 쉬운 것은 절대로 없습니다. 하지만 어려웠기에 그만큼 남는 것도 많다는 생각이 듭니다.

온라인 고등학교에서
소셜 라이프는 가능할까요?

온라인 고등학교의 가장 큰 장점은 시간과 공간의 유연성입니다. 전통적인 학교처럼 정해진 시간표에 맞춰 움직일 필요가 없고, 통학이나 이동의 번거로움 없이 자신만의 루틴을 만들어 하루를 설계할 수 있다는 점에서 무한히 자유롭습니다. 우리 아이 역시 이 유연성을 통해 학업 외에도 관심 있는 활동에 더 많은 시간을 투자할 수 있었고, 자율성과 자기주도성을 키워가는 데 큰 도움을 받았습니다.

하지만 이 자유가 처음부터 온전히 반가운 것만은 아니었어요. 자유는 때때로 책임이라는 무게를 동반하고, 특히 처음 마주하게 된 '외로움'은 정말 막막할 수밖에 없습니다. 매일 아침 교실에서 친구들과 눈을 마주치며 인사하고, 쉬는 시간에 서로의 책상에 기대 잡담을 나누고, 하굣길 편의점에서 간식을 고르며 깔깔대던 소소한 순간들은 온라인 수업 화면 너머에는 존재하지 않습니다. 화면 속 교실은 조용했고, 말 한마디 섞기 어려운 채팅창은 벽처럼 느껴졌으며, 수업이 끝나자마자 꺼져버리는 화면은 대화의 여지를 허락하지 않았습니다.

아이가 특히 그리워한 건 '급식시간'이었습니다. 단지 맛있는 음식을 공유하지 못해 아쉬운 게 아니었습니다. 친구들과 테이블에 마주 앉아 피곤함을 나누고 어제 본 드라마나 시험 이야기로 마음껏 웃고 떠들 수 있던 시간. 그 잠깐의 따뜻하고 활기찬 공동체의 리듬이 큰 위안이자 힘이었을 텐데 이제 그 자리에는 고요한 방, 조용한 화면, 그리고 그 속에 홀로 남은 자신뿐이었습니다.

아이의 정서적 고립은 점점 깊어졌습니다. 온라인 수업이 시작되면 마치 한 번도 가본 적 없는 미국 어느 도시 한복판에 홀로 떨어진 느낌이었던 것 같습니다. 말이 통하지 않아서가 아니라 정서가 통하지 않아서 겪는 고독이었습니다. 실제로 친구가 없는 공간, 눈빛과 웃음과 몸짓으로 교감하던 일상이 사라진 공간은 상상보다 훨씬 더 차가웠습니다. 사실 아이는 이런 외로움에 준비가 되어 있지 않았습니다. 저도 마찬가지였습니다.

코로나 팬데믹 동안 줌 수업을 경험해봤으니 온라인 고등학교도 비슷하겠거니 했습니다. 실시간으로 수업을 듣고 과제를 제출하는, '방식'만 다른 학교생활일 거라고 생각했던 것이지요. 하지만 막상 시작하고 보니 그곳은 전혀 다른 세계였습니다. '온라인 고등학교'라는 명칭엔 '학교'라는 익숙한 단어가 들어 있지만, 정작 아이가 마주한 것은 아는 사람 하나 없는 낯선 디지털 세계, 텅 빈 교실 같기도 하고, 무언가가 빠진 듯한 공간이었습니다. 코로나 팬데믹으로 경험한 줌 수업은 이미 서로를 알고 있는 상황에서 어쩔 수 없이 잠시 온라인 공간에서 만나는 것일 뿐, 사태가 정리되면 돌아갈 일상이었습니다. 온라인 고등학교의 환경은 팬데믹 당시의 줌 수업과는 절대로 같을 수 없는, 전혀 다른 방식이었습니다.

저는 그 불안과 낯설음을 누구보다 잘 이해할 수 있었습니다. 아이가 처음으로 온라인 고등학교의 라이브 수업에 참여하던 밤 10시, 저는 조용히 거실에 앉아 있었습니다. 생소한 제도에 발을 들이는 긴장과 약간의 희망으로 가슴이 떨렸습니다. 수업이 끝나는 새벽 1시까지 내내 자리를 지키진 않았지만 계속 귀를 열어두고 마음을 함께했습니다. 마침내 방문을 열고 나오는 아이의 표정과 눈빛, 말투 등을 주시하며 아이가 얼마나 힘들었을지, 얼마나 낯설고 조심스러웠을지를 살피려 애썼습니다. 첫 등교 이후 매일 밤 아이가 '온라인 등교'를 하면 저도 마음으로 함께 등교했습니다. 라이브 수업에 들어갈 때면 '오늘 잘 지낼 수 있을까?', '친구가 생기면 좋을 텐데……' 그렇게 응원하며 기다렸습니다. '하교'하고 방에서 나오는 아이를 보면서는 그날 수업의 감정선을 읽어내려고 애썼습니다. 어떤 날은 말이 많았고, 어떤 날은 축 처진 채 말없이 나오곤 했지요.

그때 비로소 깨달았습니다. 사람을 그리워하는 감정이 얼마나 강력한지, 그 감정이 공부의 의욕과 집중력, 삶의 생기마저도 송두리째 흔들 수 있다는 것을요. 사실 학교가 바뀌고 새로운 친구들과 적응하는 것은 낯설지 않았습니다. 초등학교 1학년 때 해외로 전학가고, 중학교 1학년에 한국으로 돌아오면서 이미 경험한 바 있기 때문입니다. 하지만 이번엔 달랐던 것이, 물리적인 전학이 아니라 정서적 연결이 단절된 전학이라는 점이었어요. 솔직히 온라인 공간은 생각보다 더 단절돼 있었습니다. 단순히 '화면으로 수업을 듣는다'는 기술적 변화의 문제가 아니라 또래 친구들과의 작고 평범한 순간이 전부 사라진, 아이를 지탱해주던 '사회적 정서의 고리'가 끊긴 막막한 상황이라는 걸 우리는 그제야 깨닫게 되었습니다.

고요한 화면 너머로 손을 내밀다
하지만 이 어색하고 고요한 온라인 공간에서 어떻게든 '살아남아야' 했습니다. 처음엔 막연하고 아득한 느낌에 의기소침했지만 시간이 흐르면서 아이는 중요한 사실을 깨닫기 시작했습니다.

온라인 속에서 외로움을 이겨내려면
스스로 의식적으로 관계를 만들어가야 한다는 것.
내가 움직여야 한다는 것.

이 경험은 단지 온라인 고등학교를 선택했기 때문에 겪는 특별한 어려움이라기보다 시대적 전환기에 필연적으로 수반되는 적응의 일부라는 생각이 들었습니다. 인터넷과 기술의 발전 덕분에 굳이 미국에 가지 않더라도 전 세계 어디에서나 미국 고등학교 과정을 이수할 수 있는 시대적 혜택을 누리게 됐습니다. 동시에 일반 학교에선 자연스러운 사회적 교류나 정서적 지지의 부재 또한 감수해야 합니다.

오프라인의 자연스러운 교류는 더 이상 기대할 수 없었기에 이제는 '노력해서 만드는 관계'가 필수였습니다. 아무도 말을 걸어주지 않는다면 내가 먼저 손을 내밀고, 대화의 기회를 기다리는 대신 직접 기회를 만들어야 했습니다. 이는 단순히 친구 사귀기에만 해당되는 것이 아니라 교사와의 관계도 마찬가지입니다. 다행히 아이가 선택한 온라인 고등학교는 이와 같은 정서적 문제를 예견하고 있었습니다. 단순히 지식 전달에 그치지 않고, 학생들이 사회적 고립을 느끼지 않도록 다양한 '버추얼 커뮤니티 Virtual Community' 활동을 마련해두고 있었지요. 온라인 동아리, 실시간 토론 수업, 프로젝트 협업, 학생회 활동 등은 단순한 '학업의 연장'이 아니었습니다. 또래와의 관계를 형성할 수 있는 소중한 연결 창구였고, 아이가 외로움이라는 벽을 넘는 디딤돌이 되어주었습니다.

처음으로 큰 도움이 된 활동은 바로 '피어 멘토 프로그램 Peer Mentor Program'입니다. 이 프로그램은 학교생활에 먼저 적응한 선배 학생들이 새내기 후배에게 멘토가 되어 낯선 환경에서 길을 잃지 않도록 손을 잡아주는 제도입니다. 단순히 정보를 전달하는 역할을 넘어 따뜻한 위로와 공감, 진심 어린 동행의 의미가 담겨 있었습니다.

우리 아이에게 배정된 멘토는 12학년 여학생 해나였습니다. 멘토 해나는 학교 시스템을 알려주는 것에 그치지 않고 시간 관리 요령, 라이브 수업에서의 팁, 과제 제출 방식 등 실질적인 조언을 아낌없이 나누어주었습니다. 정말 사소한 질문 하나까지도 성의 있게 답해주며 아이가 필요로 할 때 곁을 지켜주는 든든한 정서적 버팀목이 되어주었습니다.

이 프로그램 덕분에 아이는 온라인 고등학교라는 공간에서 혼자가 아니라는 위안을 얻을 수 있었어요. 나이 차가 많지 않은 또래였기에 멘토는 오히려 더 깊이 공감하고 더 가깝게 다가왔습니다. "나도 그랬어. 너만 그런 게 아니야"라는 한마디가 마음속 무거운 짐을 덜어주었고 아이는 차츰 자신을 열어가기 시작했습니다.

질문을 주고받고 사소한 고민을 털어놓으며 이들은 점점 친구가 되었습니다. 아이는 멘토와의 미팅이 있는 날이면 하루 종일 들뜬 기분으로 그 시간을 기다렸고, 그 만남은 학교의 일원으로서 소속감을 느끼게 하는 의미 있는 출발점이 되었습니다. 무엇보다 중요한 건 멘토링을 통해 공부뿐만 아니라 온라인 환경에서 사회적 관계를 맺고 감정을 나눌 수 있다는 자신감을 얻었다는 사실입니다. 이후 아이는 점점 더 다양한 학교 활동에 관심을 갖고 적극적으로 참여하기 시작했습니다.

이렇게 소중한 경험을 한 아이는 다음 해에 스스로 멘토 지원서를 제출했고, 멘토에 선발되었습니다. 그 결심은 자신도 누군가에게 힘이 되어주고 싶다는 진심에서 비롯된 것이었지요. 여러 신입생을 맡아 이끌면서 아이는 자연스럽게 리더십을 키웠고, 누군가를 돕는 일이 얼마나 큰 보람과 의미를 주는지도 깨닫게 되었습니다.

이 시기부터 아이는 단순히 교과 수업에 참여하는 데 그치지 않고 온라인 고등학교라는 새로운 시스템에서 스스로의 역할을 확장해가고 있었습니다. "학교 클럽(동아리)이 정말 다양하고 많아. 엄마, 같이 좀 봐줘"라며 노트북 앞으로 저를 불렀을 때, 이제 새로운 길을 탐색할 준비가 되었던 겁니다. 이미 국제학교에서 고등학교를 마친 첫째를 경험한 학부모로서도, 이 온라인 고등학교의 클럽 목록은 놀라울 정도로 다양하고 흥미로웠습니다.

"네가 좋아하는 뮤지컬 퍼포먼스도 있네. MUN(Model United Nations: 모의 유엔)도 다시 해보면 어때?"

그렇게 아이에게 친숙한 활동을 권해보았지만, 아이는 선뜻 그 제안을 받아들이지 못했습니다.

명상 클럽에서 심리학 클럽까지

클럽 선택을 주저하게 만든 건 온라인이라는 벽, 그리고 여전히 마음속에 자리한 불안이었던 것 같습니다. 겉으로는 수업에 성실히 참여하고 있었지만 내면에서는 아직도 불안과 외로움이 가시지 않은 듯했습니다. 그 무렵 아이가 조용히 선택한 새로운 변화는 바로 '명상 클럽 Meditation Club'이었습니다. 저로서는 생소한 활동이었지만 아이는 자신의 내면을 더 깊이 들여다보고 싶다는 생각에 이 클럽을 선택했습니다. 그 결정을 존중하며 "그래, 한번 해봐"라고 응원했지만 솔직히 궁금한 마음에 방문 너머로 줌을 조용히 엿듣기도 했지요.

명상 클럽은 매주 정해진 시간에 줌을 통해 전 세계의 학생이 함께 모여 명상을 나누는 조용한 모임입니다. 단순히 눈을 감고 조용히 있는 데 그치지 않습니다. 각자의 공간에서 의자에 편안히 기대고 눈을 감고 깊은 호흡으로 몸과 마음의 긴장을 풀면서 가이드의 안내에 따라 자신 안에 떠오르는 감정이나 생각들을 가만히 바라봅니다. 명상의 주제는 매주 바뀌었는데 어떤 날은 '감사', 또 어떤 날은 '마음 챙김'이나 '자기 수용' 같은 주제로 진행되었고 명상 후에는 간단한 나눔의 시간도 있었습니다. 자신의 내면을 짧게 이야기하고 서로의 이야기를 조용히 들어주는 시간 속에서 아이는 처음으로 정서적으로 깊은 교감을 느꼈다고 했습니다.

국적도 언어도 시차도 다른 친구들이었지만, 자기 마음을 바라보는 자세만큼은 놀라울 만큼 비슷했습니다. 말이 많지 않아도 괜찮았고, 때로는 한마디도 하지 않고도 공통된 침묵에서 마음이 연결되는 경험을 할 수 있었다고 했습니다. 특히 인상 깊었던 건 이 명상 활동이 성과나 결과를 내기 위함이 아니라 '있는 그대로의 나'를 있는 그대로 받아들이는 연습이었다는 점입니다.

항상 최선을 다하고 잘하려는 성향이 강했던 아이는, 그동안 늘 무언가를 증명해야 한다는 압박에서 살았습니다. 하지만 명상 클럽만큼은 예외였습니다. 여기서는 잘하지 않아도 괜찮았고 '지금 이 순간'의 자신을 그대로 바라보고 느끼는 것 자체로도 충분했으니까요. 그렇게 자신을 받아들이는 법을 배운 아이는 동시에 다른 사람을 있는 그대로 존중하는 법도 함께 배웠습니다.

시차로 인해 한국은 밤늦은 시간이었지만, 아이는 가끔 줌을 통해 새벽까지 친구들과 대화를 나누곤 했습니다. 오늘 명상은 어땠는지, 어떤 감정을 느꼈는지, 또는 그냥 일상적인 이야기들을 나누며 아이는 진짜 친구를 사귀어갔습니다. '온라인 속에도 함께하는 누군가가 있다'는 것을 마음 깊이 체험했고, 그것은 정말 특별한 변화가 되었던 것 같아요.

그 시간을 통해 아이는 비로소 감정을 나누고 공감할 수 있는 공동체의 일원으로서 자신이 '존중받고 있다'는 감각을 처음으로 또렷하게 경험했습니다. 명상 클럽에서의 따뜻한 시선, 진심 어린 경청이 아이를 지탱해주었고, 어느덧 온라인에서 만난 친구들을 진심으로 존중하며 그들과 함께하는 하루하루를 기다리게 되었습니다.

이후 아이는 조금씩 더 많은 클럽에 관심을 보이기 시작했습니다. 외로움에서 시작된 여정은 이제 확장된 활동으로 이어졌습니다. World Embassy, National Honor Society(NHS), UYAN(우크라이나 지원), Peer Mentor Program, Global Café, Book Club 등 정말 다양한 분야의 활동에 적극 참여하기 시작했습니다.

특히 눈에 띄는 활동은 World Embassy라는 클럽으로, 이름만 들었을 때는 거창하게 느껴졌지만 다양한 인종의 학생들이 모여 각 나라의 문화를 소개하고 교류하는 국제 교류 활동이었습니다. 아이는 이 클럽에 처음 참여했을 때 한국 대표로서 전통 문화를 소개하는 발표를 맡았습니다. 김치와 한글, 한복 이야기를 넘어 '정情'이라는 단어에 한국인의 따뜻한 정서를 담아 설명하고 싶어 했습니다. 발표를 준비하는 과정에서 한국을 다시 배우고 동시에 다른 문화를 존중하는 자세도 함께 익힐 수 있었습니다. 그렇게 공들인 발표가 끝난 날 몇몇 친구들이 "네 이야기를 듣고 한국에 꼭 가보고 싶어졌어"라고 말해주었을 때, 아이는 뿌듯함과 동시에 자신이 처음으로 누군가에게 의미 있는 영향을 줄 수 있다는 자부심을 느꼈다고 했습니다.

그 무렵 아이는 NHS(National Honor Society)에 선발되기도 했습니다. 이 활동은 성적이 우수하다고 주어지는 것이 아니라 봉사, 리더십, 성품 등 다양한 항목에서 학교의 신뢰를 받는 학생에게 주어지는 자리였습니다. 처음 입학할 때만 해도 스스로를 자신하지 못했던 아이가 이렇게 학교 내외에서 신뢰받는 학생으로 성장해가고 있는 모습은 감동적이었습니다.

그러던 어느 날 아이는 조심스럽게 말했습니다.

"엄마, 나 심리학에 관심이 더 많아진 것 같아. 우리 학교에도 Psychology Club이 있으면 좋겠는데……."

그 말에 "그럼 한번 만들어보면 어때?"라고 격려했지만, 사실 마음 한편으로는 과연 온라인 고등학교 환경에서 클럽을 새로 만드는 일이 가능할까 하는 걱정도 들었습니다. 하지만 아이는 이미 학교 홈페이지 곳곳을 살펴보며 어떻게 하면 클럽을 만들 수 있는지, 필요한 절차는 무엇인지를 하나하나 조사하고 있었습니다.

그렇게 담당 선생님께 이메일을 보내고 클럽 개설을 위한 제안서를 작성했습니다. 클럽의 취지와 목표, 활동 계획, 첫 모임에서 다룰 주제까지 직접 준비해 제출한 결과, 마침내 심리학 클럽이 정식으로 학교에 등록되었습니다. 처음 모임을 열기 전날 아이는 "아무도 안

오면 어떡하지? 나만 들어가 있으면 좀 이상하잖아"라며 웃으면서도 긴장한 기색을 감추지 못했습니다. 저 역시 그 밤, 아이가 온라인 화면을 켜고 마음 졸이며 기다리는 모습을 상상하니 마음이 쓰였습니다.

놀랍게도 첫 모임에는 예상보다 훨씬 많은 학생들이 들어왔습니다. 미국을 비롯한 세계 각지에서 접속한 친구들 대부분이 "심리학에 관심 있었는데, 마침 찾고 있던 클럽이었어"라며 반가운 인사를 건넸다고 합니다. 그 순간 아이는 알게 되었습니다. 비록 온라인이지만 어디에서든 같은 또래의 아이들은 서로의 마음에 관심이 있고, 자기 자신을 더 깊이 이해하고 싶은 욕구를 갖고 있다는 것을요.

그날 이후로 Psychology Club은 아이의 중요한 활동 중 하나가 되었습니다. 매주 주제를 정하고, 발표 자료를 만들고, 때론 간단한 심리 테스트나 사례 분석을 통해 친구들과 이야기를 나누었습니다. '성격 유형', '스트레스와 감정 조절', '십 대의 자아정체성', 'SNS와 정신 건강' 같은 주제들은 생각보다 훨씬 많은 반응을 불러일으켰습니다. 아이는 참여자들의 질문에 답하며 리더의 역할도 자연스럽게 익혀갔습니다.

무엇보다 이 클럽은 '내가 좋아하는 것을 누군가와 나눌 수 있다'는 경험을 제대로 맛본 계기가 되었습니다. 평가를 위한 공부가 아니라 궁금하고 알고 싶은 마음에서 시작된 배움, 그리고 그 배움을 함께 나누는 기쁨. 아이는 Psychology Club의 파운더Founder로서 3년간 활동하며 심리학 관련 지식뿐 아니라 소통, 조직, 리더십, 공감의 기술까지 배워 나갔습니다.

　온라인이라는 제약이 때로는 기회로 바뀐다는 걸, 이 과정을 통해 저도 깊이 느꼈습니다. 여전히 수줍고 소심한 성격이지만 아이는 자신이 좋아하고 의미 있다고 여기는 일에는 끝까지 책임을 다하는 성실함과 열정을 보였습니다. 그것이 다른 학생에게도 영향을 주면서 아이 주변에는 함께 나누고 싶어 하는 친구들이 하나둘 늘어나기 시작했습니다. 아이는 그렇게 '심리학 클럽을 만든 학생'으로 기억되기 시작했고 학교 커뮤니티에서 존재감을 만들어가고 있었습니다. 무형의 공간에서 자신만의 방식으로 길을 다져가는 과정을 지켜보면서 내 아이가 더 이상 혼자가 아니라는 사실을 확신하게 되었습니다.

　외로움 너머, 스스로 만들어가는 소셜 라이프

　이렇듯 온라인 고등학교에서의 소셜 라이프는 처음부터 주어지진 않습니다. 이는 곧 스스로 설계하고 만들어가는 삶의 방식이라는 뜻이기도 합니다. 물리적인 교실은 없었지만 아이는 온라인을 통해 국경과 시간의 경계를 넘어 다양한 배경을 가진 친구들과 관계를 맺을 수 있었습니다. 그 과정에서 배운 것은 단순히 외로움을 극복하는 기술이 아니라, '나'라는 사람의 정체성을 외부 세계와 어떻게 연결해갈 것인지에 대한 자각이었습니다. 해외의 아이들은 'Korean(한국어)'에 관심이 많았고 'K-Culture'에 대해 한국인인 우리 아이보다 많이 알고 있었습니다. 그런 친구들을 위해 한국어 수업

교재를 만들어 가르쳐주기도 하면서 미국 온라인 고등학교에서 한국인으로서 자존감을 갖고 당당히 설 수 있는 기반을 만들었습니다.

무엇보다 중요한 점은 온라인 고등학교는 오롯이 고립된 공간이 아니라는 사실입니다. 오히려 자기주도성과 사회적 성숙을 함께 요구하는 새로운 교육 환경이었습니다. 자신이 중심이 되어 관계를 설계하고 능동적으로 소속감을 형성해가는 과정은 때로 전통적인 학교보다 더 깊은 인간관계를 가능하게 했습니다. 혼자 있는 시간을 통해 자율성을 배우고, 그 자율성을 바탕으로 관계를 선택하고 확장해 나가는 경험은 온라인 고등학교가 길러주는 가장 중요한 역량 중 하나입니다.

물론 온라인이라는 한계로 인해 사회성이 부족해질 수 있다는 우려도 있습니다. 그러나 실제로는 다른 사람의 도움 없이 스스로 상황을 해결하고, 독립적이고 주체적으로 입시를 계획하는 기반이 되어주었습니다. 무엇인가를 얻기 위해서는 자기주도적으로 움직여야 했습니다. 안 된다고 해도 가능성을 보여주며 설득하는 적극성이 필요했습니다. 나아가 이러한 적극적인 태도는 대학 입학사정관에게 간절함과 진정성을 전달하는 데 중요한 역할을 했습니다.

이처럼 학교생활에 적극적으로 임하다 보니, 친구들도 자연스럽게 생겨났습니다. 여러 클럽 활동에 참여하고 수업 시간에 꾸준히 발표하니 온라인 채팅이나 SNS를 통해 먼저 말을 걸어오는 친구들이 하나둘 늘어났습니다. 미국을 포함한 세계 각지의 학생들과 교류하게 되면서, 대화의 주제도 한국 친구들 간의 관심사에 머물지 않고 더 넓어졌습니다. 아이의 시선은 점점 세계로 향했고 그만큼 관심사도 다양해졌습니다.

친구들과의 대화에는 우크라이나 전쟁, 이란의 히잡 시위, 이스라엘-가자 전쟁 등 전 세계가 주목한 특별한 사건들이 자연스럽게 화제로 오르곤 했으며, 미국 캘리포니아 어느 지역의 홍수 피해가 심각하다며 아이들 스스로 성금을 걷자는 의견도 나왔습니다. 이제 아이는 동시대를 살아가는 지구촌 시민의 한 사람으로서 세상의 흐름에 눈을 뜨고, 자신의 생각을 나누고, 때로는 친구들과 함께 고민할 줄 아는 사람으로 성장해가고 있었습니다.

친구들과는 온라인으로 얼굴을 보며 밤새 이야기를 나누고, 아날로그적 감성으로 손편지를 주고받기도 했습니다. 미국 조지아주에 사는 쌍둥이 자매는 우리 아이보다 한 학년이 높은 친구들이었는데 온 가족이 한국 음식에 관심이 높았습니다. 어느 날은 "한국에서는 무슨 과자를 즐겨 먹는지 궁금하다"면서 자신이 좋아하는 미국 과자를 보내줄 테니 한국 과자를 보내달라는 물물교환을 제안했습니다. 그 말에 우리도 기쁜 마음으로 맛있는 한국 과자를 상자 가득 채워 조지아주로 보내기도 했습니다.

다양한 배경과 꿈을 가진 친구들과의 만남은 오히려 전통적인 학교보다 훨씬 더 넓은 시야를 열어 주었습니다. 맥도날드의 매니저가 되었다고 자랑스럽게 말하는 친구, 자신의 패션 브랜드를 운영하는 사업가, 전문 골프 선수, 발레리나 등 아이는 이미 자기 삶의 방향을 주도적으로 설정한 동료들과 함께 공부하며 자극을 받았습니다. 결국 '외로움'은 더 이상 온라인 고등학교의 단점이 아니게 되었습니다.

또한 학교에서는 매달 한 번, 교사와 러닝 코치Learning Coach 간의 정기적인 미팅 시간을 마련했습니다. '러닝 코치' 제도는 이 학교의 특징 중 하나인데, 대부분의 경우 학생의 부모가 직접 역할을 맡습니다. 저 역시 아이의 학습 코치로서 한 달에 한 번, 아카데믹 어드바이저Academic Advisor 와 함께 화상으로 만나 아이의 전반적인 학습 상황과 정서 상태, 과제 수행 정도 등을 함께 점검했습니다.

그날도 저는 어드바이저에게 솔직한 마음을 꺼냈습니다.

"아이가 하루 종일 과제에만 매달리는 것 같아요. 거의 모든 시간을 과제에 쏟고 있어서 안쓰럽고 걱정됩니다. 왠지 온라인 고등학교가 더 힘든 것 같아요."

그러자 어드바이저는 따뜻하게 웃으며 이렇게 말했습니다.

"그럴 수 있어요. 아이가 완벽주의 성향이 있는 것 같네요. 사실 제 딸도 온라인 고등학교를 졸업했는데, 처음에는 이 아이와 똑같았어요. 엄마로서 마음이 무거우실 거예요."

그 말에 저는 멘토를 만난 것 같았습니다.

"가끔은 '조금 부족해도 괜찮다'는 말을 들려주세요. 완벽하지 않아도 괜찮다고 느낄 때 아이는 더 건강하게 성장할 수 있어요."

선생님의 따스한 조언에 비로소 마음이 놓였습니다. 이후부터는 특별한 요청사항이 없으면 화상 미팅 대신 이메일로 의논하겠다고 했습니다. 내 아이가 부족하여 과제를 하루 종일 붙들고 있는 것은 아닌지 걱정하던 제게 '있는 그대로의 너도 괜찮다'는 신호를 보내는 것이야말로 부모의 가장 중요한 역할임을 깨닫게 해준 순간이었습니다.

결국 온라인 고등학교는 단지 '학교의 또 다른 형태'가 아니었습니다. 처음엔 외로워 보였고 실제로도 외로운 시간이 있었지만, 그 시간은 스스로 관계를 설계하고 선택하며 주체적으로 삶을 만들어 갈 수 있는 계기가 되었던 것입니다.

물리적인 교실은 없었지만 화면 너머의 사람들과 진심으로 연결될 수 있었습니다. 자기주도적으로 행동해야 했고, 누군가를 수동적으로 기다리는 대신 먼저 말을 걸고 질문하고, 함께할 방법을 찾아야 했습니다. 그렇게 아이는 '관계'라는 것이 수동적으로 주어지는 것이 아닌, 능동적으로 만들어가는 것임을 배웠습니다.

그리고 이 모든 과정은 성공적인 입시를 위한 전략을 넘어 더 크고 넓은 세상을 살아가기 위한 준비였음을 대학 입시를 준비하면서 비로소 깨달았습니다. 온라인 고등학교에서의 소셜 라이프는 '없음'이 아니라 '스스로 만들어가는 것'이었습니다. 그리고 그 속에서 아이는 관계의 힘과 자기 존재의 가치를 깨달으며 혼자만의 방에서 전 세계로 우정을 확장해 나갔습니다.

이것이야말로 우리가 바라던 진짜 교육의 힘이 아니었을까요.

온라인 고등학교의 평가와 성적은 어떻게 매기나요?

온라인 고등학교에 대한 일반적인 인식은 종종 오해에서 비롯됩니다. 흔히들 온라인 수업은 자유롭고 평가도 느슨하다고 생각하곤 합니다. 그러나 실제로는 그 반대입니다. 온라인 고등학교에서의 성적은 철저한 자기관리와 높은 윤리 의식을 바탕으로 형성되며, 신뢰를 얻기 위한 구조적 시스템에서 관리됩니다.

아이가 다니는 온라인 고등학교는 학업 성취를 공정하고 정확하게 반영하기 위해 매우 엄격한 평가 원칙을 시행하고 있었습니다. 학기 초 모든 학생은 '평가의 정직성Integrity in Assessments and Assignments'이라는 제목의 가이드라인을 안내받습니다. 여기에는 시험과 과제를 어떻게 대해야 하는지에 대한 구체적인 규정이 담겨 있습니다. 처음 이 문서를 읽었을 때 '이 정도까지 지켜야 하나?'라는 생각이 들 정도였지요.

예를 들어 모든 시험은 학생 본인이 혼자 응시해야 하며 시험 중에는 교과서나 인터넷을 포함한 외부 자료를 참고할 수 없는 '클로

즈드 북closed book' 방식이 기본입니다. 시험은 하나의 브라우저로만 진행되고 다른 기기나 창을 열어서는 안 됩니다. 시험 내용은 어떤 형태로도 복사하거나 공유할 수 없고 타인과의 대화나 협력도 엄격히 금지됩니다.

에세이 과제의 경우 표절 방지 시스템을 통해 자동으로 점검되고, 출처를 밝히지 않고 다른 사람의 글을 옮기는 행위는 명백한 학업 부정으로 간주됩니다. 녹음 파일을 제출하는 과제에서도 타인의 도움을 받거나 내용을 베끼는 행위는 금지되었습니다.

이처럼 온라인 환경에서의 평가는 전통적인 교실보다 높은 수준의 윤리성과 자기주도성을 요구했습니다. 실제로 아이는 시험을 치를 때마다 자신의 양심과 마주해야 했습니다. 감독이 없는 상태에서 진행되는 시험이므로 자기 통제력과 정직함이 핵심 자질로 요구되는 구조입니다.

특히 강조되었던 부분은 생성형 인공지능AI 도구의 사용 금지였습니다. 학교는 모든 학생에게 과제에는 ChatGPT 같은 AI 도구를 엄격히 금지한다고 반복해서 안내했습니다. '숙제를 AI로 하면 그것은 네가 공부한 것이 아니다'라는 메시지가 수업시간과 안내 자료 곳곳에 등장했고, 학생들은 이에 대해 경각심을 갖고 과제에 임했습니다.

교사들은 ChatGPT 사용이 표절 및 부정행위에 해당함을 명확히 하고 이를 위반할 경우 학점 무효나 징계로 이어질 수 있다고 경고합니다. 사실 처음에는 점수를 1점이라도 잘 받아야 하지 않겠냐는 생각에 에세이 과제로 밤을 새는 아이에게 "요즘은 대학 교수들도 학생들이 ChatGPT로 과제를 수행하는 걸 얼마간 용인해준다는데 너도 오늘은 ChatGPT로 쓰고 빨리 자라"고 권한 적도 있습니다. 그러나 아이는 단호히 거절했어요.

"부정행위가 적발되면 선생님과의 신뢰가 무너져. 그렇게까지 하고 싶지 않아."

결국 아이는 졸린 눈을 비비며 묵묵히 과제를 해냈습니다.

GPA 인플레이션과 표준화 시험의 중요성

미국 대학 입시를 준비하면서 처음 마주하는 개념 중 하나가 바로 GPA입니다. 처음에는 낯선 영어 약자에 고개를 갸웃하게 되지만, 알고 보면 한국의 '내신 성적'과 비슷한 개념입니다. GPA는 Grade Point Average 즉 '평균 학점'이라는 뜻으로, 고등학교 재학 동안 얼마나 우수한 성적을 거두었는지를 숫자로 보여주는 지표입니다.

미국 고등학교는 대부분의 과목에서 A, B, C, D, F와 같은 알파벳 등급으로 성적을 매깁니다. 각 등급마다 일정한 점수가 부여되는데, A는 4.0, B는 3.0, C는 2.0, D는 1.0, F는 0점으로 환산됩니다. 각 과목의 점수를 합산해 평균을 내면 GPA가 산출됩니다.

예를 들어 한 학기에 네 과목을 듣고 각각 A, B, A, C를 받았다면 점수는 4.0, 3.0, 4.0, 2.0이 되어 GPA는 3.25가 됩니다. 이 숫자는 단순한 평균이지만, 대학 입시에서는 매우 중요한 의미를 지닙니다.

이처럼 모든 과목을 동일한 기준(보통 4.0 만점)으로 평가하는 가장 기본적인 계산 방식을 Unweighted GPA라고 합니다.

그런데 여기서 중요한 것이 하나 더 있습니다. 바로 수업의 난이도입니다. 미국 고등학교에는 일반 수업 외에도 Honors(우등반)나 AP(Advanced Placement, 대학 수준 과목) 같은 심화 과정이 있습니다. 이러한 과목을 수강하면 같은 A를 받아도 더 높은 점수를 받을 수 있지요. 일반 과목에서 A는 4.0이지만, AP 과목에서 A는 5.0으로 계산되는 경우가 많습니다. 이를 Weighted GPA라고 부르며, 학생이 도전적인 과목을 선택하고 얼마나 잘 수행했는지를 반영하는 방식입니다.

이런 점에서 GPA는 단순한 숫자가 아니라 학생의 학습 태도와 학업 역량을 종합적으로 보여주는 지표라 할 수 있습니다.

자녀가 9학년 이상이라면 어떤 과목을 듣고 있는지, GPA가 어떤 기준으로 산출되는지, 학교의 수준은 어떤지, 그리고 표준화 시험을 준비할 여건은 되는지를 함께 살펴보는 것이 매우 중요합니다. GPA가 대학에 얼마나 효과적으로 전달되는지는 부모가 이를 얼마나 잘 이해하고 지원해주느냐에 달려 있습니다.

그런데 최근 미국 입시에서 주목할 만한 현상이 있습니다. 바로 'GPA 인플레이션(GPA Inflation)'입니다. 미국의 많은 고등학교에서 학부모와 학생들의 기대에 부응하여 성적을 관대하게 부여하는 경향이 늘어났고, 그 결과 4.0 만점에 가까운 GPA를 받는 학생의 비율이 크게 증가했습니다.

미국 대학 입시에서 GPA는 여전히 중요한 평가 요소입니다. 지금까지 설명한 '평가의 정직성'은 곧 GPA를 형성하는 과정인데 최근에는 GPA 인플레이션으로 인해 성적의 변별력이 약해졌다는 지적이 많습니다. 시간이 지날수록 높은 GPA를 받는 학생들이 늘어나면서 A 학점의 가치가 상대적으로 떨어지고 있는 것입니다.

이런 이유로 미국 대학들은 GPA 외에 SAT, ACT 같은 표준화 시험 점수를 함께 요구하거나 참고합니다. 이 시험들은 모든 학생이 동일한 조건에서 치르기 때문에 학업 역량을 객관적으로 비교할 수 있는 기준이 됩니다. GPA가 노력과 성실함을 보여준다면, SAT 같은 표준화 시험은 객관적인 실력을 증명하는 수단입니다. GPA가 높아도 SAT 점수가 지나치게 낮다면 대학 입학사정관은 '이 학교가 성적을 후하게 주는 것은 아닐까?'라고 의심할 수 있습니다. 반대로 GPA가 다소 낮아도 SAT에서 높은 점수를 받는다면 '실제 학업 능력은 매우 우수하구나'라는 인상을 줄 수 있겠죠.

코로나19 이후 많은 대학이 SAT를 선택 사항(Test-Optional)으로 변경했지만, 최근 상위권 대학과 명문대는 GPA와 함께 SAT, AP 등 객관적인 지표를 다시 요구하는 추세입니다. 특히 GPA 인플레이션이 심화되면서, 대학들은 다양한 방법으로 진정한 실력을 가진 학생을 선별하려 노력하고 있습니다.

저희 아이의 경우, 대학 입학사정관들은 점수뿐만 아니라 그 점수가 어떤 환경에서 형성되었는지를 주의 깊게 살폈습니다. 철저히 관리되는 온라인 고등학교의 평가 시스템 덕분에 아이는 '자기주도적으로 학습하며 정직하게 성취를 이룬 학생'으로 인식되었고, 이는 장학금 심사에서도 긍정적으로 작용한 것으로 보입니다.

미국 고등학교 과목 체계, 이렇게 되어 있어요

미국 고등학교는 학생들이 과목을 선택해서 수강하는 시스템입니다. 모든 과목이 동일한 수준이 아니라 난이도별로 나뉘는 '트랙'이 있습니다. 이 트랙에 따라 학문적 난이도가 달라지며, 대학 입학사정관들은 이러한 '과목 수준'을 매우 중요하게 평가합니다. 단순히 높은 점수를 받는 것뿐만 아니라, 얼마나 'rigorous(학문적으로 엄격하고 도전적인)'한 과목'을 이수했는지도 중요한 평가 요소입니다.

1. Regular (일반 수준)
가장 일반적인 수준의 과목. 대부분의 학생이 수강하며 미국 커리큘럼의 기본 골격을 이룹니다. 예) Algebra I, Biology, U.S. History 등
→ 대학 입시의 '기본 요건 충족'으로는 충분하지만 학문적 도전성은 높게 평가하지 않습니다.

2. Honors (심화 수준)
Regular보다 심화된 개념을 다루며 속도도 빠르고 과제량이 많습니다.
같은 과목이라도 Honors로 수강하면 내신 GPA 계산 시 가중치(Weighted GPA)를 더 받습니다. 예) Honors Geometry, Honors Chemistry
→ 학업에 대한 진지한 자세와 준비된 능력을 보여줄 수 있습니다.

3. AP (Advanced Placement, 대학 수준)
대학 1학년 수준의 과목을 고등학교에서 수강하는 프로그램입니다.
수업 후 College Board에서 주관하는 AP 시험을 치를 수 있으며 높은 점수를 받으면 미국 대학에서 학점을 인정받기도 합니다. 과목 수는 약 30개 이상 (Psychology, Calculus, Chemistry, Computer Science 등)으로 다양합니다.
→ 가장 rigorous한 고등학교 과정 중 하나로 대학 입시에서 '학문적 도전성과 준비'를 강하게 어필할 수 있습니다.

낯설지만 꼭 알아야 할 미국(해외)대학 입시에 나오는 용어들

1. AP

AP는 Advanced Placement의 줄임말이에요. 쉽게 말해 고등학생이 대학 수준의 수업을 미리 듣는 제도입니다. 미국 고등학생들은 AP 과목을 선택해서 공부하고, 한 해가 끝날 즈음 공식 시험(AP 시험)을 봅니다. 점수는 1점에서 5점까지 나오는데 대학에 따라서는 4점이나 5점을 받으면 학점으로 인정해주기도 합니다.

• 어떤 아이에게 유리할까요?
공부에 자신 있고 대학에서 미리 인정받고 싶은 아이
입시에 도움이 될 특별한 과목 경험이 필요한 아이
"이만큼 어려운 공부도 했어요!"를 보여주고 싶은 아이에게 좋아요.

2. SAT

SAT는 미국 대학 입시에서 오랫동안 활용되어 온 표준화 시험입니다. 우리나라의 수능처럼 전국 단위의 공통 시험이며, 수학(MATH)과 영어(읽기·쓰기) 영역으로 구성됩니다. 총점은 1600점 만점이고, 여러 번 응시할 수 있습니다.

• 왜 중요할까요?
최근 많은 대학이 SAT 점수를 선택 사항으로 변경했지만, 높은 점수는 학업 능력을 객관적으로 입증하는 강력한 지표가 됩니다. 특히 온라인 학교, 홈스쿨, 외국 학교 출신 학생들에게는 SAT 점수가 대학 입학 사정에서 매우 중요한 평가 자료로 활용됩니다.

3. IB

IB(International Baccalaureate)는 국제 공인 고등학교 교육과정입니다. 미국뿐만 아니라 전 세계 명문대학에서 인정하는 프로그램으로, 2년 과정으로 운영됩니다. 학생들은 6개 과목을 이수하고 졸업논문(Extended Essay)을 작성하며 창의·활동·봉사(CAS) 프로그램에 참여해야 합니다. 또한 지식 이론(TOK, Theory of Knowledge)이라는 비판적 사고력을 기르는 과목도 이수해야 합니다.

- 어떤 점이 특별할까요?

IB는 단순한 학업 성취를 넘어 사고력, 표현력, 인성을 균형 있게 발달시키는 교육과정입니다. 엄격하고 도전적인 커리큘럼 때문에 IB 졸업생은 우수한 학업 역량과 성실성을 갖춘 인재로 인정받습니다. 해외 대학 진학을 목표로 한다면 IB는 좋은 선택지가 될 수 있습니다.

K12, 온라인 고등학교를 학교답게 만드는 힘

처음 '온라인 고등학교'라는 단어를 들었을 때는 막연히 아이가 인터넷으로 수업을 듣고 과제를 제출하는 정도로만 생각했습니다. 하지만 막상 등록하고 보니 이것은 단순한 인터넷 수업 플랫폼이 아니라 생각보다 훨씬 체계적인 하나의 '학교 생태계'였습니다. 그 중심에는 바로 'K12' 시스템이 있었고, 이 생소한 개념을 이해하면서 러닝 코치가 왜 필수적인지 깨닫게 되었습니다.

K12는 미국에서 가장 오래되고 대규모로 운영되는 온라인 교육 플랫폼 중 하나입니다. 정식 명칭은 'Stride K12'이며, 미국 전역의 학생들에게 유치원부터 12학년까지 온라인 교육을 제공하는 체계적인 프로그램을 운영하고 있습니다. 처음에는 K12를 하나의 학교로 오해했습니다. 온라인 고등학교 입학 후 학교에서 러닝 코치에게 K12 앱을 스마트폰에 설치하도록 안내했기 때문입니다. 하지만 시간이 지나면서 K12는 학교를 직접 운영하는 것이 아니라, 미국 각 주의 온라인 공립학교나 사립학교에 커리큘럼과 플랫폼, 교사 등을

제공하는 시스템이라는 것을 알게 되었습니다. 즉, '자녀가 K12로 공부한다'는 것은 K12 플랫폼을 사용하는 공인된 온라인 학교에 등록해 공부한다는 의미입니다. 이렇듯 아무것도 모르고 시작한 온라인 고등학교였지만, 체계와 방식을 알아갈수록 의심이 조금씩 해소되었습니다.

K12는 미국 각 주의 교육 기준 State Standards에 따라 영어, 수학, 과학, 사회 등의 필수 과목과 예술, 세계 언어, 음악, 건강, 기술 등의 선택 과목을 폭넓게 제공합니다. 고등학생에게는 AP, Honors, Credit Recovery, Dual Enrollment(대학 과목 선이수제도) 등 다양한 수준의 수업이 마련되어 있습니다. 학생은 온라인으로 수업을 듣고 과제를 제출하며 시험을 치르고, 필요에 따라 실시간 수업 Live Class에도 참여할 수 있습니다.

부모가 함께하는 온라인 고등학교

K12 시스템의 큰 장점 중 하나는 각 과목의 진도율 Progress을 정량적으로 확인할 수 있다는 점입니다. 각 과목은 수십 개의 레슨으로 구성되어 있으며, 완료한 레슨 수에 따라 실시간으로 진도율이 표시됩니다. 예를 들어 Algebra I 과목에서 90개 레슨 중 45개를 완료했다면 진도율은 50퍼센트로 나타납니다. 시스템이 자동으로 일일 목표 진도율을 설정해주므로 학생은 매일의 학습량을 한눈에 확인할 수 있습니다. 과제 제출 여부, 퀴즈, 유닛 테스트, 중간고사, 기말고사 성적까지 모두 자동으로 기록됩니다. 우리 아이도 매일 아침

로그인하면 '오늘 완료해야 할 레슨 6개' 같은 알림을 먼저 확인하며 하루를 시작했습니다. 물론 러닝 코치인 저도 스마트폰 앱으로 이 내용을 수시로 확인할 수 있었습니다.

K12에서는 퀴즈나 객관식 시험은 자동 채점 시스템으로 즉시 점수가 제공되고, 에세이나 프로젝트 같은 주관식 과제는 재학 중인 고등학교의 교사가 직접 평가해 피드백을 제공합니다. 모든 과목은 100점 만점 기준으로 GPA로 환산되며, 미국 고등학교와 동일한 방식으로 성적이 관리됩니다. 온라인 고등학교에서는 매 학기 공식 성적표Transcript가 발급되며, 이 성적표에는 학생 이름, 학교명과 주소, 수강 과목명과 학기별 성적(A~F 또는 점수), 과목 수준(Regular, Honors, AP), 학기별 및 누적 GPA, 각 과목의 학점Credit 취득 여부, 그리고 학업 연도별 누적 성과가 상세히 기재됩니다. 제 아이가 대학 입시에 제출한 공식 서류도 학교에서 발급한 이 성적표였습니다. 여기서 중요한 것은 학교의 공식 인증accreditation 여부와 K12 시스템에서 얼마나 충실하게 공부했는지입니다. 온라인 고등학교라는 점이 문제가 되지는 않았습니다.

온라인 고등학교에서 부모나 보호자는 단순한 '관리자'가 아니라 학습 파트너이자 러닝 코치로서 함께합니다. 러닝 코치는 매일 출석과 로그인 여부를 확인하고 진도율을 살펴보며, 필요한 경우 학습 스케줄을 조정합니다. 과제 마감일을 체크하고 미제출 과제가 없는지 점검하며 아이가 수업을 놓치지 않도록 시간표도 함께 관리합니다. 또한 주기적으로 담임교사Advisor와 상담하고, 자녀가 어려워하는 과목을 격려하거나 추가 자료를 찾아주는 역할도 맡습니다.

저 역시 하루에 한 번은 아이의 진도율을 확인했고, 일주일에 한 번은 "어떤 과목이 어렵니?", "과제는 밀린 게 없니?" 등의 대화를 나누며 아이와 함께 학습을 조율했습니다. K12는 자율성이 뛰어난 시스템이지만, 방치하면 금방 진도가 밀릴 수 있습니다. 특히 고등학교 과목은 학습량이 많고 속도도 빠르기 때문에 부모의 적극적인 참여가 반드시 필요합니다. K12의 성적은 대부분 과제와 퀴즈를 기반으로 산출되므로, 중간고사나 기말고사보다 평상시 학습의 성실함이 훨씬 중요합니다. 러닝 코치의 역할이 클수록 아이의 자율성과 책임감도 빠르게 성장하며, 이는 대학 생활을 미리 준비하는 좋은 기회가 됩니다.

실제로 아이와 함께 온라인 고등학교를 다니며 제가 느낀 점은, K12 시스템이 진도율 관리와 성적 집계에서 매우 정확하고 일관성 있게 작동한다는 것이었습니다. K12 시스템을 기반으로, 단순히 온라인으로 수업을 듣는 것을 넘어 진도율, 성적, 출석, 학습 시간까지 정교하게 관리할 수 있는 완성도 높은 온라인 고등학교 시스템이 구현됩니다. 이 시스템 덕분에 집에서도 충분히 안정적이고 전문적인 고등학교 교육을 받을 수 있습니다.

하지만 이 모든 과정을 가능하게 하는 핵심은 스스로 학습하는 아이와 꾸준히 옆에서 지원하는 '부모의 협력'입니다. 각 과목은 1퍼센트 단위로 진도율이 표시되고, 과제가 미제출되면 즉시 알림이 오며, 이를 바탕으로 담당 교사는 정기적으로 학습 상황을 점검합니다. 비록 물리적 교실은 없지만 시스템의 촘촘함과 교사의 관심은 오히려 오프라인보다 더 강력하게 느껴지는 순간도 많았습니다.

온라인 고등학교라는 낯선 세계가 미심쩍고 막막하게 느껴지는 분들을 위해 K12 시스템에 대해 자세히 설명드렸습니다. 저 역시 처음에는 막막하고 두려웠으며 '이 길이 과연 맞는 걸까' 고민도 많았습니다. 분명한 것은 아이와 함께 걸어간 끝에서 우리가 상상하지 못했던 기회들이 하나둘 열렸다는 사실입니다. 그 여정이 결코 쉽지는 않았지만 함께 걸어온 이 길은 분명 의미가 있었고, 아이의 성장을 지켜보는 기쁨이 그 어려움을 견디게 했습니다.

온라인 고등학교,
어떤 학교가 좋을까요?

처음 미국 온라인 고등학교를 알아보기 시작했을 때만 해도, 어디에도 뚜렷한 정보가 없었습니다. 누구에게 물어야 할지도 모르겠고, 실제로 경험해본 사람을 찾는 것조차 쉽지 않았습니다. 지금처럼 인터넷 커뮤니티나 유튜브에서 쉽게 정보를 얻을 수 있는 시대가 아니었기에 모든 것이 더욱 막막했습니다.

다행히 요즘은 상황이 많이 달라졌습니다. 미국 대학을 준비하는 학생들이 늘어나면서 온라인 고등학교에 대한 관심도 부쩍 늘었고 다양한 커뮤니티에서 관련 질문과 답변을 쉽게 찾아볼 수 있습니다. "온라인으로 고등학교를 다닌다고?" 하며 의아해하던 분위기에서, 이제는 "어떤 학교가 좋을까?"라는 실질적인 고민으로 넘어간 느낌입니다. 실제로 제가 가장 많이 받은 질문은 바로 이것입니다.

"어떤 온라인 고등학교가 좋은가요? 어떤 기준으로 선택해야 하나요?"

하지만 이 질문에는 정답이 없습니다. 어떤 학교가 좋은지는 결국 우리 아이에게 어떤 환경이 적합한지, 아이가 어떤 학습 스타일과 진로를 희망하고 있는지에 따라 완전히 달라지기 때문입니다. 저 역시 처음에는 미국에만 이런 온라인 학교가 있는 줄 알았습니다. 그런데 아이가 재학하는 동안 하나씩 찾아보니, 캐나다, 영국, 일본 등 다양한 나라에서 온라인 고등학교 시스템을 구축해 운영하고 있더군요. 세계가 빠르게 변하고 있음을 새삼 실감했습니다. 교육의 장벽이 허물어지고 있다는 점에서는 반가운 변화지만, 한편으로는 더 깊은 판단과 분별력이 요구된다는 점에서 부모의 책임도 커졌습니다. 그 많은 학교 중에서 처음 주목한 곳은 단연 스탠포드 온라인 하이스쿨Stanford Online High School이었습니다.

스탠포드 온라인 하이스쿨, 왜 특별한가요?

처음 이 학교 이름을 접했을 땐 '스탠포드'라는 이름만으로도 신뢰감이 들었습니다. 세계적으로 인정받는 명문대학이 운영하는 고등학교라니, 얼마나 특별할까 궁금했습니다. 그리고 자세히 알아볼수록 이 학교는 명성에 걸맞게 교육 철학과 시스템이 탄탄하게 구축된 곳이라는 것을 알게 되었습니다.

스탠포드 온라인 하이스쿨은 단순한 원격 수업이 아닌 실시간 수업을 강조합니다. 이곳은 소규모 리버럴 아츠 대학처럼 깊이 있는 토론, 비판적 사고, 자기주도학습을 중시하는 진정한 배움의 공간입니다. 수업은 대부분 소규모로 진행되며 학생들은 교수급 교사들과 자유롭게 토론하고 질문을 주고받습니다. 수업 수준도 매우 높습니다. 일반적인 고등학교 수준을 넘어서는 과목이 많고, 과제나 프로젝트의 난이도도 상당합니다. 그만큼 학생 개개인의 자기관리 능력, 시간 관리, 탐구력이 뒷받침되어야 수업을 따라갈 수 있습니다.

그렇다 보니 입학 자체가 매우 까다롭습니다. 서류 전형은 물론 추천서와 에세이, 성적 증빙 등을 꼼꼼히 요구하며, 입학 기준은 국내외 최상위 국제학교 수준입니다. 실제로 이 학교 졸업생들은 하버드, 스탠포드, 프린스턴, MIT 등 미국 최상위 대학으로 진학하는 경우가 많습니다.

스탠포드 온라인 하이스쿨을 알아보는 과정은 제가 미국 온라인 고등학교라는 세계를 처음 마주한 순간이기도 했습니다. 이 학교를 통해 온라인 고등학교가 단순히 집에서 수업을 듣는 대안 교육이 아니라 최상위 수준의 교육을 경험할 수 있는 정규 교육과정이라는 사실을 깨달았습니다. 그럴수록 더욱 욕심이 났습니다. 하지만 우리가 진학을 본격적으로 고려한 시점은 8월이어서, 안타깝게도 해당 연도의 원서 접수는 이미 마감된 상태였습니다. 즉 다음 해 입학을 준비해야 하는 상황이었던 것이죠.

혹시 스탠포드 온라인 하이스쿨에 관심 있는 분이 계시다면, 지원 일정과 필요한 표준 시험 점수(SSAT, TOEFL, 또는 학교 자체 시험 등)를 미리 확인하고 충분한 준비 기간을 확보하실 것을 권해드립니다.

당연히 모든 아이가 스탠포드 온라인 하이스쿨에 적합한 것은 아닙니다. 사실 우리 아이도 영재나 특별한 재능을 가진 학생이 아니었기에, 1년을 기다려서 입학할 필요는 없다고 판단했습니다. 진입 장벽이 높고 학업 스트레스도 상당하므로, 자녀가 감당할 수 있는지 신중히 고려해야 합니다. 그렇다면 이 외에 어떤 학교들이 있고, 어떻게 비교해야 할까요?

온라인 고등학교 결정의 판단 기준

저는 다음과 같은 기준들을 세워보았습니다. 자녀에게 맞는 학교를 찾는 데 다음의 체크리스트를 활용해보시기 바랍니다.

1. 공식 인증

온라인 고등학교를 처음 알아보면서 가장 먼저 떠오른 질문은 이것이었습니다.

'정말 이 학교를 신뢰할 수 있을까?'

화면 너머로 수업을 듣는다고 해서 모두가 같은 수준의 교육을 받는 것은 아닙니다. 오히려 온라인이라는 특성상 학교의 신뢰성과 교육의 질을 직접 확인하기 어렵기 때문에, 일반 학교를 선택할 때보다 더 까다롭고 꼼꼼한 기준이 필요합니다.

제가 가장 중요하게 생각한 기준은 학교가 '공식 인증 Accreditation'을 받았는가 하는 점이었습니다. 처음에는 '인증'이라는 개념이 다소 생소하게 느껴질 수 있습니다. 한국에서는 교육부가 직접 학교를 인가하지만 미국에서는 인증 과정을 통해 학교의 교육 품질을 점검하고 보장합니다. 미국 정부가 직접 인증하지는 않지만 미국 교육부

U.S. Department of Education와 고등교육인증협의회CHEA가 신뢰할 수 있는 인증기관을 선별하여 관리하고 있습니다.

온라인 고등학교가 공식 인증을 받았다는 것은 단순한 허가 이상의 의미를 지닙니다. 그 학교의 커리큘럼, 교사 자격, 수업 방식, 학생 평가 체계 등 전반적인 교육 시스템이 미국에서 공신력을 인정받았다는 뜻입니다. 이런 인증을 받은 학교의 성적표와 졸업장은 미국 대학은 물론 전 세계 교육기관에서 정식으로 인정받을 수 있습니다.

그렇다면 인증 여부는 어떻게 확인할 수 있을까요?

먼저 학교의 공식 홈페이지를 확인하시기 바랍니다. 대부분의 온라인 고등학교는 'About Us(학교 소개)'나 'Accreditation(인증)' 페이지에 인증 내역을 명시하고 있습니다. 보통은 홈페이지 하단에 "Accredited by Cognia" 또는 "WASC Accredited" 같은 문구가 표시되어 있습니다. 홈페이지에서 찾기 어렵다면 구글에서 '학교 이름 + accreditation'으로 검색하는 방법도 유용합니다. 더 확실하고 객관적인 확인을 원한다면 인증기관의 공식 홈페이지에서 학교 이름을 직접 검색해볼 수 있습니다. 대표적인 인증기관으로는 다음과 같은 곳들이 있습니다.

- Cognia(예전 명칭은 AdvancED)
- WASC(Western Association of Schools and Colleges)
- NEASC(New England Association of Schools and Colleges)

- CHEA(Council for Higher Education Accreditation)

이들 웹사이트의 검색창에 학교 이름을 입력하면 인증 여부를 즉시 확인할 수 있습니다. 홈페이지나 인증기관 사이트에서 정보를 찾을 수 없다면, 학교에 직접 이메일로 문의하는 것도 좋은 방법입니다. 제 경험상 대부분의 학교가 친절하게 인증 정보를 안내해주었습니다.

이 과정에서 특히 주의해야 할 점이 있습니다. '등록된registered', '공식official', '국제International' 같은 수식어가 있다고 해서 그 학교가 인증받은 학교라는 뜻은 아닙니다. 반드시 Cognia, WASC, NEASC처럼 구체적인 인증기관 이름이 명시되어 있는지 확인해야 합니다.

공식 인증 여부는 단순한 행정적 문제가 아닙니다. 미국 대학 진학이나 비자 신청 등 중요한 절차에서 해당 학교의 학력이 공식적으로 인정받을 수 있는지와 직결되는 문제입니다. 인증받지 않은 학교를 선택하면 애써 공부한 시간이 허사가 될 수 있습니다.

최근에는 미국뿐 아니라 영국, 일본 등에서도 국제학생을 위한 온라인 고등학교가 생겨나고 있습니다. 이런 학교들도 마찬가지로 해당 국가의 공식 인증을 받았는지, 국제학생 입학이 가능한지를 꼼꼼히 확인해야 합니다. 온라인 고등학교를 선택하는 일은 단순히 '집에서 수업을 듣는다'는 편리함 이상의 문제입니다. 자녀의 미래 진로와 대학 진학까지 고려하여 신중하게 접근해야 할 중요한 결정입니다. 그 첫걸음은 바로 '이 학교는 인증받은 학교인가?'를 확인하

미국의 대표적 인증기관들

구분	특징	대표 기관(약어)
지역 인증기관	• 가장 공신력 있고 엄격한 기준 적용 • 미국 내 명문대학에서 선호 • 대부분의 공립·사립 고등학교와 대학에 적용	• WASC(Western Assoc. of Schools) • NEASC(New England Assoc.) • SACS(Southern Assoc.) • MSA(Middle States Assoc.) • NCA(North Central Assoc.) • NWAC(Northwest Accred. Comm.)
국가 인증기관	• 비교적 유연한 기준 • 직업교육, 온라인 및 종교 기반 학교 중심 • 일부 대학에서 인정 안 하는 경우도 있음	• Cognia(전국 단위 통합 인증 제공) • DEAC(Distance Education Accrediting Commission) • AACS(종교 계열 인증) • NCPSA(Private School 인증 단체)

는 것에서 시작됩니다.

2. 학비와 장학금 제도

미국 온라인 고등학교를 알아보는 많은 부모가 공통적으로 고민하는 부분이 바로 학비입니다. 온라인이라고 해서 비용이 저렴할 것이라 생각하기 쉽지만, 실제로는 학교마다 천차만별입니다. 연간 3,000달러 선의 비교적 부담 없는 학교부터 40,000달러가 넘는 고급 사립 온라인 고등학교까지 범위가 매우 넓습니다.

다음은 2025년 기준 미국 주요 온라인 고등학교들의 연간 등록금을 원화(환율 1,400원 기준)로 환산한 자료입니다. 학교 선택 시 참고하시기 바랍니다.

미국 주요 온라인 고등학교 연간 등록금

학교 명칭	연간 등록금 (USD)	연간 등록금 (KRW, 환율 1,400원 기준)
Dwight Global Online School	$42,750	₩59,850,000
Stanford Online High School	$30,970	₩43,358,000
Bryn Mawr Online High School	$27,600	₩38,640,000
ICL Academy	$17,500	₩24,500,000
Laurel Spring School	$16,600	₩23,240,000
The George Washington University Online High School	$14,000	₩19,600,000
NorthStar Academy	$4,500	₩6,300,000
BYU Online High School	$3,900	₩5,460,000
International Virtual Learning Academy	$3,570	₩4,998,000

참고: International Virtual Learning Academy, NorthStar Academy, BYU Online High School은 과목당 수업료 과금제이므로, 위 금액은 Niche 등에서 제시한 평균 연간 등록금 기준 참고치입니다.

단, 학비를 결정할 때 등록금 외에 추가로 들어가는 비용도 꼭 확인해야 합니다. 예를 들어 과목별 수업 등록비, 교재비, 기술 사용료(플랫폼 사용료 등)가 별도로 청구되는 경우가 있습니다. 각 학교의 공식 웹사이트에서 학비 내역을 상세히 살펴보시기를 추천드립니다.

보시다시피 학비 격차가 매우 큽니다. Dwight Global Online School이나 Stanford Online High School처럼 입학 경쟁이 치열하고 커리큘럼 수준이 높은 학교는 연간 4천만 원을 훌쩍 넘기도 합니다. 반면 BYU Online High School이나 NorthStar Academy처럼 훨씬 경제적인 비용으로 운영되는 학교들도 있습니다.

가정의 경제적 여건, 자녀의 학습 스타일, 목표 대학 등을 고려해 무리 없는 선에서 선택하는 것이 가장 중요합니다. 저희는 아이가 재학 중이던 국내 국제중학교 등록금 수준을 기준으로 정하고 학교를 찾았습니다. 그 결과 연간 약 1만 달러 안팎의 등록금으로 다닐 수 있는 학교를 선택할 수 있었습니다.

또 하나 중요한 점은 일부 온라인 고등학교에서 장학금 제도를 운영한다는 것입니다. 소득이 일정 수준 이하인 가정을 위한 소득 기반 장학금이나 성적 우수자를 대상으로 한 성취 기반 장학금 등이 마련되어 있습니다. 저희는 입학 당시 장학금 제도를 몰라서 신청 기회를 놓친 것이 아쉬웠습니다. 장학금은 대부분 입학 전에 신청해야 하며, 입학 후에는 적용이 어려운 경우가 많으니 처음 학교를 알아볼 때부터 장학금 유무와 신청 조건을 함께 확인하시기 바랍니다.

온라인 고등학교에 입학시킨 후 알게 된 특별한 혜택이 하나 더 있습니다. 바로 한국에서의 교육비 세액 공제입니다. 많은 학부모가 해외 학교는 한국 세법상 교육비 공제를 받을 수 없다고 생각하지만 반드시 그런 것은 아닙니다. 실제로 국내의 일부 비인가 국제학교는 '학교'가 아닌 '학원'으로 등록되어 있어 연말정산 시 교육비 항목으로 인정받지 못하는 경우가 많습니다. 하지만 미국의 공식 인증을 받은 온라인 고등학교의 경우, 학비 납부 내역 통장 사본과 학교에서 발행한 인보이스를 함께 제출하면 한국 국세청에서 교육비로 인정받아 소득공제를 받을 수 있습니다.

해외 학교임에도 이런 세제 혜택을 받을 수 있는 이유는 해당 학교가 미국 내 정식 교육기관으로 인증을 받았기 때문입니다. 교육비 부담이 만만치 않은 상황에서 이런 절세 기회는 부모에게 실질적인 도움이 됩니다. 해외 온라인 고등학교를 고려한다면 이와 같은 세금 혜택 여부도 미리 확인해보시기 바랍니다.

이처럼 학비는 단순히 금액의 많고 적음만 따질 문제가 아닙니다. 학교의 인증 여부, 장학금 제도, 교육의 질, 학비 구성 항목, 그리고 세제 혜택까지 다양한 요소를 종합적으로 고려해야 합니다. 학교 선택 시 단순히 금액만 보지 말고, 그 속에 담긴 실질적인 가치를 함께 고려해보세요. 제 글이 여러분의 합리적인 선택에 작은 도움이 되기를 바랍니다.

3. 커리큘럼(IB vs. AP)

처음 온라인 고등학교를 알아볼 때는 단순히 '어떤 커리큘럼을 선택할까'만 고민했습니다. 그런데 조금 더 깊이 들여다보니 같은 과목이라도 '어떤 수준Level으로 공부하느냐'에 따라 수업 내용과 난이도가 판이하게 달라진다는 것을 알게 되었습니다.

앞서 언급했듯이 미국 고등학교 수업은 일반적으로 세 단계로 나뉩니다. Regular(일반 수준), Honors(심화 수준), AP(Advanced Placement, 대학 수준)입니다. 같은 수학 과목이라도 공식 위주의 Regular 수업, 개념 응용까지 다루는 Honors, 그리고 대학 미적분을 포함하는 AP는 학습 깊이와 난이도, 대학 입시에서의 활용도가 전혀 다릅니다. 저희도 수학 과목에서 해결해야 할 문제가 있었지만, 온라인 수업을 활용하여 좋은 결과를 얻을 수 있었습니다. 이에 대해서는 다음 장의 'AP 공부' 부분에서 자세히 다루겠습니다.

따라서 처음부터 어떤 커리큘럼을 택할지보다는 자녀의 실력과 목표에 맞는 다양한 수준의 수업을 제공하는 학교인지, 그중에서도 어떤 수업을 선택할 수 있는지가 훨씬 더 중요한 기준입니다. 특히 온라인 고등학교는 학교마다 운영 방식과 수업 구조가 달라서, 같은 AP 과목이라도 수업의 질, 피드백 시스템, 과제량 등에서 큰 차이를 보입니다.

그렇다면 IB와 AP는 어떻게 다를까요?

앞에서도 언급했듯이 저희는 미국 대학 진학을 목표로 미국 교육 과정을 선택한 것은 아니었습니다. 시종일관 아이의 진로 희망은 언니가 다니는 싱가포르 국립대학교NUS에 진학하는 것이었습니다. 그래서 NUS의 국제학생 입학 요강을 찾아보고, 자격 요건들을 하나씩 검토하기 시작했습니다. 그중 가장 먼저 눈에 띈 것이 바로 IB, 국제 바칼로레아 International Baccalaureate였습니다.

첫째 아이가 싱가포르의 IB 인증 국제학교를 다녔기 때문에 IB는 우리에게 익숙한 프로그램이었습니다. 한국에서도 몇 년 전부터 IB가 '선진 교육과정'으로 소개되면서 많은 학부모가 관심을 갖기 시작했지요. 그래서 일부 외고와 국제고에서 IB 프로그램을 운영한다는 것도 이미 알고 계실 것입니다. 하지만 이들 학교 대부분은 여전히 한국형 교육과정을 기반으로 하면서 제한적으로만 IB를 운영하므로 IB 전 과정을 온전히 이수하기에는 한계가 있습니다.

저는 막연하게 '해외 대학을 가려면 IB 과정이어야 한다'고 생각했습니다. 첫째가 IB 과정을 밟았기에 더 그렇게 생각했는지도 모릅니다. 그래서 처음엔 미국 온라인 고등학교 중에서도 IB 과정을 운영하는 학교를 찾아보았습니다. 하지만 예상과 달리 IB 과정을 정식으로 운영하는 온라인 고등학교는 극히 드물었습니다.

대신 훨씬 많은 학교들이 AP 과정을 운영하고 있었고, 실제로 미국 온라인 고등학교의 교육과정은 대부분 AP 기반이었습니다. 해외 대학 입시에서 IB만이 정답은 아니며, 오히려 미국에서는 AP가 더 일반적이고 보편적인 입시 준비 과정이라는 것을 그제야 알게 되었습니다.

그럼 두 과정을 본격적으로 비교해보겠습니다.

IB는 1960년대 스위스에서 시작된 국제 교육 프로그램입니다. 단순히 영어로 수업을 받는다는 의미가 아니라 글쓰기, 발표, 탐구 활동, 토론 등을 통해 학생이 스스로 생각하고 배우는 힘을 기르는 데 초점을 맞춘 교육과정입니다.

IB는 2년 과정으로 운영되며 도중에 선택 과목을 변경하기 어렵기 때문에 처음부터 신중한 과목 선택이 필요합니다. 특히 문과와 이과로 구분하지 않는 점이 특징적입니다. 언어, 수학, 과학, 인문학, 예술, 제2외국어 등 여섯 개 영역에서 균형 있게 과목을 선택해야 합니다. 따라서 특정 과목만 잘해서는 안 되고, 글쓰기 능력도 필요하며, 실험이나 발표 같은 활동도 중요하게 평가됩니다. 또한 단순히 최종 시험 성적만으로는 졸업장을 받을 수 없습니다.

IB는 졸업논문 Extended Essay 을 써야 하고, 창의·활동·봉사(CAS) 프로그램에 참여해야 하며, 논리적 사고 훈련을 위한 지식 이론 Theory of Knowledge 과목도 필수로 이수해야 합니다. 한마디로 깊이 있고 폭넓은 학습을 요구하는 종합 교육과정이라 할 수 있습니다.

AP는 미국에서 개발된 교육 프로그램으로 대학교 1학년 수준의 과목을 고등학생이 미리 수강할 수 있도록 만든 과정입니다. IB처럼 복잡한 교육 철학보다는, 실제 대학 과목을 미리 공부하고 시험을 통해 실력을 증명하는 실용적인 프로그램입니다. AP는 과목 선택의 자유도가 높고, 시험 결과가 대학 입시에 직접 반영되는 점이 특징입니다. 그래서 학생의 역량에 따라 9학년부터 입시 준비를 시작할 수도 있습니다.

예를 들어 수학을 잘하는 학생은 Calculus AB/BC(미적분학)를 수강할 수 있고, 과학에 관심 있는 학생은 Biology, Chemistry, Physics 등을 선택할 수 있습니다. 또한 심리학, 경제학, 미술사, 컴퓨터 사이언스처럼 한국 고등학교에서는 접하기 어려운 과목도 다양하게 개설되어 있습니다.

AP 시험은 매년 5월에 한 번 시행되며 5점 만점으로 채점됩니다. 이 점수는 전 세계 공통의 평가 기준으로, 미국 대학들이 신뢰하고 인정하는 지표입니다.

그렇다면 우리 아이에게는 어떤 과정이 좋을까요?

국제학교 진학을 고려하는 많은 부모가 이 선택을 두고 고민합니다. 하지만 두 과정은 성격이 매우 달라서 단순히 "어느 것이 더 우수하다"고 말할 수는 없습니다. 자녀의 성향, 목표, 학습 방식에 따라 적합한 과정이 다를 테니 선택도 이 부분을 고려해야 합니다.

어떤 과정을 선택하든 자녀의 공부 습관과 성향을 먼저 파악하는 것이 중요합니다. IB가 우수하다고 해서 모든 학생에게 적합한 것은 아니고, AP가 실용적이라고 해서 모두에게 쉬운 것도 아닙니다.

두 과정을 모두 경험한 학부모로서 저는 아이의 성향이 가장 중요한 선택 기준이라고 생각합니다. 첫째는 독서를 좋아하고 깊이 있는 토론을 즐기는 성향이어서 IB가 잘 맞았고, 둘째는 자기주도적으로 시간을 관리하고 목표 과목에 집중할 수 있는 아이였기에 AP

IB와 AP 한눈에 비교하기

비교 항목	IB (국제 바칼로레아)	AP (어드밴스드 플레이스먼트)
운영 구조	2년 통합 프로그램	과목별 개별 수강 가능
과목 선택	균형 있게 여러 분야 필수	관심 분야 선택 가능
평가 방식	논술, 과제, 프로젝트, 시험	시험 중심, 간결한 평가 구조
적합한 학생	깊이 있는 사고, 글쓰기에 강한 학생	특정 분야에 흥미 있고 스스로 학습 가능한 학생
온라인 고등학교에서의 접근성	매우 제한적	매우 다양하고 풍부한 선택 가능

가 더 적합했던 것 같습니다.

처음에는 저도 막연히 IB 과정이 더 좋다고 생각했습니다. 제가 경험한 국제학교가 IB 프로그램을 운영했고, 최근 유학을 준비하는 학생들도 IB를 많이 선택하고 있었기 때문입니다. 그런데 온라인 고등학교를 알아보니 몇몇 소수의 학교에서 IB 프로그램을 운영했지만 입학 과정이 까다롭거나 학비가 매우 높았고, 무엇보다 과제량이 상당했습니다.

첫째를 통해 IB 과정을 지켜본 경험상, 2년 동안 이어지는 방대한 과제와 활동을 온라인 환경에서 관리하기는 쉽지 않을 것으로 판단했습니다. 물론 제가 미리 겁먹은 걸 수도 있겠죠. 성공적으로 운영되는 온라인 IB 학교도 존재하니까요. 하지만 저희 상황에서는 AP가 더 현실적인 선택이었습니다.

AP 과정은 훨씬 유연하고 실용적이었습니다. 온라인 고등학교에서 제공하는 AP 과목은 선택의 폭이 넓고 수업 수준도 높았지만 비용은 상대적으로 합리적이었습니다. 특히 당시 둘째가 진로를 확정하지 못한 상황에서, 자신의 흥미와 관심사에 따라 과목을 선택해 집중적으로 학습할 수 있다는 점은 큰 장점이었어요.

또한 AP는 표준화된 시험을 통해 실력을 객관적으로 증명할 수 있습니다. 과목별로 명확한 점수가 산출되기 때문에, 대학에 자신의 역량을 효과적으로 보여줄 수 있는 구조인 점도 마음에 들었습니다. 결국 저희는 온라인 환경에 더 적합하고 아이의 상황과 성향에도 맞는 AP 과정을 선택했습니다.

다시 한 번 말씀드리지만 IB 온라인 고등학교도 분명 훌륭한 선택지입니다. 처음 해외 교육과정을 접하는 분들께 참고가 되기를 바라는 마음으로 저희의 선택 과정을 상세히 설명드렸습니다.

'우리 아이에게 어떤 과정이 더 적합할까?'

결국 이 질문에서 출발하는 것이 가장 중요한 첫걸음입니다.

4. 수업 방식(Live vs. Self-paced)

미국 온라인 고등학교 교육과정을 살펴보던 중 놓칠 수 없는 중요한 기준이 눈에 들어왔습니다. 바로 수업 방식입니다.

미국 온라인 고등학교의 수업 방식은 크게 두 가지로 나뉩니다. 하나는 정해진 시간에 교사와 실시간으로 수업을 듣는 형태(Live Class)이고, 다른 하나는 자신의 진도에 따라 녹화된 강의를 보고 과제를 수행하는 방식(Self-paced)입니다.

처음에는 '온라인이니 당연히 자유롭게 들으면 되지 않을까?'라고 생각하기 쉽지만, 실제로 아이가 그 환경에서 몇 년을 보내야 한다고 생각하면 이야기가 달라집니다. 아이의 성향, 가정환경, 학습에 대한 자기관리 능력에 따라 이 선택이 미치는 영향은 상당합니다. 스스로 시간표를 짜고 학습하는 데 익숙한 학생이라면 녹화 강의 중심의 Self-paced 수업이 적합할 수 있습니다.

우리 아이의 경우엔 지나치게 자율적인 환경보다는 매일 정해진 시간에 출석하고 선생님과 얼굴을 마주하며 수업을 듣는 구조가 더 안정적이었습니다. 실시간으로 질문할 수 있고 또래 친구들과 함께 수업을 따라가는 구조가 학습 동기를 유지하는 데 도움이 되었지요. 그래서 저희는 Live Class가 있는 학교를 선택했습니다.

물론 실시간 수업이 있다고 해서 하루 종일 모니터 앞에 있는 것은 아닙니다. 주당 몇 과목씩 정해진 시간대에 수업이 있고, 나머지는 과제나 개별 학습으로 채워집니다. 하지만 이러한 '정해진 루틴'이 온라인 환경에서도 학습의 중심을 잡아주는 데 큰 도움이 되었습니다. 또한 정규 수업에 참여하지 못한 학생을 위해 녹화본이 제공되며, 녹화본을 시청하고 주어진 퀴즈를 풀고 제출하면 출석으로 인정되는 시스템도 갖추고 있었습니다.

온라인 고등학교를 고려하신다면 이 부분을 반드시 확인하시기 바랍니다. 학교가 실시간 수업을 제공하는지, 녹화 강의 중심인지, 그리고 수업 참여 방식이 어떻게 구성되어 있는지 파악하는 것이 중요합니다. 이 모든 것이 아이의 생활 패턴과 학습 태도에 큰 영향을 미칩니다.

5. 상담 및 대학 입시 지원 시스템

온라인 고등학교를 알아보며 가장 고민했던 것 중 하나는 '이 학교가 대학 입시 준비까지 지원할 수 있을까?'였습니다. 결국 미국 온라인 고등학교를 선택한 궁극적인 목표는 대학 입시였기 때문입니다. 공부는 학생이 스스로 하는 것이지만 입시는 '전략'과 '경험'이 필요한 영역입니다. 특히 해외 대학 입시는 단순히 성적만으로 결정되지 않기에 더욱 그렇습니다.

첫째가 싱가포르 국제학교를 다닐 때는 학교에 전담 입시 카운슬러가 있어 자연스럽게 대학 정보를 얻고 에세이 피드백도 받을 수 있었습니다. 하지만 온라인 고등학교는 물리적 교실이 없으니 이런 지원이 가능할지 확신할 수 없었습니다. 게다가 AP 커리큘럼에 익숙하지 않았던 저로서는 이 부분이 특히 우려되었습니다. 그래서 더 꼼꼼히 확인했습니다.

다행히 우수한 온라인 고등학교들은 대부분 전문 입시 카운슬러 시스템을 갖추고 있었습니다. 9학년부터 정기적으로 카운슬러와 상담하며 진로를 탐색하고 필요한 과목을 설계합니다. 11학년이 되면 본격적으로 대학 리스트를 정리하고 에세이 피드백을 받는 등 꽤 체계적인 지원을 제공했습니다. 특히 일부 학교는 UC(캘리포니아 주립대)나 아이비리그 등 특정 대학 시스템에 전문성을 가진 카운슬러를 보유하여 학생의 목표에 따라 맞춤형 조언을 제공하기도 합니다.

저희는 아이비리그가 목표가 아니었기에 거창한 실력의 카운슬러보다는 작은 규모라도 학생과 카운슬러가 자주 소통할 수 있는 시스템을 찾기로 했습니다. 다행히 그런 학교를 찾을 수 있었는데, 이 학교는 특정 프로그램을 통해 8학년부터 대학 진학까지의 과정을 체계적으로 준비할 수 있도록 지원하고 있었습니다. 8학년부터 12학년까지 매년 주제별로 구성된 세미나 형식으로 진행되며, 학생들의 자기 이해, 진로 탐색, 커뮤니티 참여, 대학 준비를 위한 에세이 첨삭, 추천서 준비 등을 단계적으로 지원합니다.

만약 이런 시스템이 없다면 어떻게 될까요?

부모가 직접 모든 대학 제도를 파악하고 일정을 관리해야 할 수도 있습니다. 영어가 익숙하지 않거나 입시 제도를 잘 모르는 부모에게는 상당한 부담이지요. 실제로 일부 온라인 학교는 '우리는 학업만 제공합니다. 입시는 외부 컨설팅을 쓰세요'라고 명확히 선을 긋기도 했습니다.

결국 저희는 전문 입시 지원이 포함된 온라인 고등학교를 선택했습니다. 아이 혼자 모든 것을 감당하게 하고 싶지 않았고, 입시라는 중요한 과제는 학교의 전문가와 함께 준비해야 한다고 판단했기 때문입니다. 아이에게 필요한 것은 좋은 선생님뿐만 아니라 좋은 '길잡이'이기도 하니까요.

'관리형 미국 온라인 고등학교'에 대한 우려

자녀 교육은 '관리'의 문제가 아니라 '철학'의 문제입니다.

얼마 전 한 지인으로부터 전화를 받았습니다. 그의 자녀는 해외에서 고등학교를 다니다 학업을 다 마치지 못하고 한국으로 들어온 상황이었습니다. 아이는 이제부터 미국 온라인 고등학교를 통해 대학 진학을 하겠다고 했고, 지인은 과연 그 길이 맞는지 저에게 조심스럽게 의견을 물었습니다. 인터넷을 찾아보니 한국엔 '관리형 미국 온라인 고등학교'라는 것이 있다는데, 본인은 온라인 교육에 대해 잘 몰라서 아이를 제대로 뒷받침해줄 수 없을 것 같아 걱정스럽다고요.

솔직히 '관리형 미국 온라인 고등학교'라는 표현부터 왠지 마음이 불편해졌습니다. 요즘 일부 업체들이 '미국의 온라인 고등학교'라는 유혹적인 단어를 앞세워 학부모들을 설득하고 있다는 것을 알고 있었기 때문입니다. 하지만 지인의 요청이기도 하고, 제 아이 역시 미국 온라인 고등학교에서 공부하고 있는 상황이라 비교해볼 겸 함께 알아보기로 했습니다.

제가 접촉한 업체는 여러 개의 미국 온라인 고등학교와 제휴를 맺고 입학부터 학업 관리, 대학 입시 지원까지 전반적인 과정을 지원해준다고 홍보하고 있었습니다. 대표적으로 밀고 있는 학교는 미국에서 규모가 가장 크다는 A 온라인 고등학교인데 연간 학비만

16,000달러(한화 약 2,200만 원)였습니다. 여기에 업체의 관리비와 비대면 학습 지도 비용 명목으로 약 1,800만 원이 추가돼 전체적으로 연간 4,000만 원여의 비용이 드는 구조였습니다. 이는 국내의 국제학교보다는 다소 저렴할 수 있지만 여전히 중산층 가정에서 감당하기 쉬운 금액은 아닙니다.

처음엔 '이 정도 비용이면 굉장한 무언가가 있겠지'라는 기대도 잠깐 들었지만, 설명을 들을수록 오히려 교육의 본질과는 멀어지고 있다는 느낌을 지울 수 없었습니다. 예를 들어 학생은 매주 월·수·금 정해진 시간에 학원에 등원하여 '관리 선생님'과 대면으로 만나거나 화상(관리 비용이 대면보다 다소 저렴) 미팅을 해야 하며, 이것을 안 지키는 아이들이 있어서 토요일에도 학원을 개방한다고, 업체의 정성을 표현하기도 했습니다. 자기주도학습이 전제되어야 할 온라인 교육에서 누군가의 지시와 출석 체크에 따라 움직이는 구조가 과연 온라인 교육의 본질에 부합하는 것일까요?

또 한 가지 인상 깊었던 점은 이 업체가 '강력 추천'한다며 소개한 B학교가 기독교 기반이라는 것이었습니다. 연간 약 5,000달러로 학비가 비교적 저렴하고, 신앙적 가치에 따라 지나치게 경쟁적인 학업 분위기보다는 인성 중심의 교육을 지향한다는 설명이 뒤따랐습니다. 겉보기엔 따뜻한 교육 철학을 가진 학교처럼 보였지만 과연 그 가치가 우리 아이의 성향과 잘 맞을지, 우리 가정의 교육 철학과도 일치할지에 대한 깊은 고민 없이 그저 '싸고 괜찮은 학교'로 추천하는 모습은 솔직히 무책임하게 느껴졌습니다.

업체는 '요즘은 GPA 인플레이션 시대라 학교 데이터가 중요하다'며, 특정 온라인 스쿨의 입시 실적과 스쿨 프로파일(학교 자료) 등을 강조했습니다. 하지만 제게는 이 모든 것이 '학생'이 아닌 '데이터'와 '성과' 중심의 시스템으로 보였습니다. 입시를 위한 겉모습에 치중하는 모습, '이 학교 나와서 어느 대학에 갔다더라'는 식의 결과만 강조되는 분위기는 아이의 성장을 우선하기보다는 남의 성공에 초점을 맞춘 것 같아 아쉬웠습니다.

더 실망스러웠던 것은 아이가 학업에 어려움을 겪게 되면 "그건 우리 학원에서 해결하세요"라고 따로 유료 수강을 유도하는 구조였다는 점입니다. 비싼 학비에 다시 사교육비가 추가되는 것이지요.

이 모든 시스템의 핵심은 '자기주도학습이 안 되는 아이를 붙들어 앉힐 수 있는 구조'라는 점임을 강조했지만, 그 말이 제게는 가장 불편하게 들렸습니다. 물론 이렇게라도 도움을 받아 온라인 고등학교 과정을 시작하겠다는 분도 계실 수 있습니다. 하지만 정말 중요한 질문은 '그 아이가 지금 대학에 갈 준비가 되어 있는가? 그 마음이 있는가?' 하는 것입니다.

대학은 아이가 원할 때 가는 것이지, 어른들이 억지로 끌고 간다고 좋은 결과가 나오는 곳이 아닙니다. 억지로 앉아 접속만 한다고 해서 온라인 교육의 본질이 충족되는 것은 아니지요. 오히려 친구들과 함께 어울리며 기존 학교에 계속 다니는 것이 더 나은 선택일 수도 있습니다.

결국 제 결론은 분명했습니다. 아이에게 진짜 필요한 것은 누군가의 지시에 따라 움직이는 '관리 시스템'이 아니라, 스스로 삶을 설계하고 동기를 부여할 수 있는 '철학'과 '의지'라는 것입니다. 물론 어떤 아이에게는 일정 부분의 강제성이 필요할 수도 있습니다. 하지만 그 강제성은 어디까지나 아이 스스로가 변화의 의지를 갖고 있을 때만 효과가 있는 것입니다. 전혀 마음의 준비가 안 된 아이를 억지로 붙잡아 앉혀놓는다 해서 의미 있는 교육이 이뤄질 리 없습니다.

저희 아이는 스스로 시간표를 짜고 전 세계 친구들과 교류하면서 자기 속도에 맞게 성장해 나갔습니다. 때로는 좌절하고 실수도 했지요. 시간이 오래 걸리기도 했습니다. 하지만 그 모든 경험이 쌓여 아이를 '자기주도적인 사람'으로 키웠습니다. "지금 몇 시니?", "왜 접속 안 했니?"라고 묻는 시스템에서는 절대 키워질 수 없는 힘입니다. 교육은 결국 '관리'의 문제가 아니라 '성장'의 문제입니다. 그리고 진정한 성장은 돈으로 살 수 있는 것이 아닙니다.

진짜 교육은 아이를 믿고 기다리는 데서 시작된다고 저는 믿습니다.

그래서 우리는 이 학교를 선택했습니다

결국 우리 가족은 여러 가지 기준을 두고 비교한 끝에 '실시간 수업', '공식 인증', 그리고 '입시·상담 시스템'의 균형을 가장 잘 갖춘 GWUOHS(George Washington University Online High School)를 선택하게 되었습니다. 아이는 자유롭게 혼자 진도를 나가는 방식보다는 일정한 루틴 속에서 공부하는 것을 선호하는 성향이었고, 저 역시 학교라는 형태와 교사와의 교류가 반드시 필요하다고 생각했습니다. 온라인이라는 특성상 혼자 방에 앉아 화면만 바라보며 진도를 나가는 구조라면, 아이가 학교와 공동체가 주는 안정감을 잃어버릴 것 같았어요. 그래서 실시간으로 선생님과 교류하며 또래 학생들과 함께 수업을 듣는 구조가 우리 아이에게는 꼭 필요했습니다.

입학 절차 자체는 생각보다 까다롭지 않았습니다. 하지만 낯선 길을 처음 걷는 부모로서, 하나하나가 긴장되고 설레는 과정이었습니다. 학교에서 마련한 온라인 입학 설명회에 참여하며 전반적인 분위기를 살피고, 카운슬러와의 상담을 통해 아이의 성향과 수준에 맞는 과목을 조율해 나갔습니다. 성적표와 영문 생활기록부를 업로드하고, 필요하다면 추천서를 제출했지요. 작은 관문을 하나씩 통과하는 순간마다 '이제 정말 새로운 길 위에 서 있구나'라는 실감이 찾아왔습니다.

또 하나의 현실적인 고려 사항은 시차였습니다. 저는 오랜 시간 국제선 승무원으로 근무하며 수없이 다른 시간대 속에서 생활해본 경험이 있었기에, 한국과 미국 동부 간의 시차가 비교적 적응하기 수월하다는 판단을 내릴 수 있었습니다. 아침 일찍 혹은 늦은 밤의 수업 일정이 우리 생활 패턴을 크게 흔들지는 않을 것이라는 확신이 있었고, 그 또한 GWUOHS를 선택하는 데 중요한 요소였습니다.

하지만 여기서 꼭 말씀드리고 싶은 것이 있습니다. GWUOHS라는 온라인 고등학교가 우리에게 맞았다고 해서, 그것이 곧 모든 가정에도 정답은 아닙니다. 어떤 학교가 누군가에게는 최고의 선택이 될 수 있지만, 다른 누군가에게는 오히려 맞지 않을 수도 있습니다. 결국 중요한 것은 '남들이 좋다고 말하는 학교'가 아니라, 우리 아이의 성향과 목표, 그리고 가정의 상황에 맞는 학교를 찾는 일입니다. 남이 좋다고 하니 우리도 좋을 것이라고 선택하는 것보다 체크리스트를 차분히 따져보고, 무엇보다 아이의 목소리를 들어야 한다는 사실을 이번 과정을 통해 더욱 깊이 깨달았습니다.

결국 우리가 얻은 답은 단순합니다. 학교 선택의 본질은 유명세가 아니라 '우리에게 맞는 구조'를 찾는 것. 절차는 담담히 밟아 나가고, 비용은 가정의 호흡에 맞춰 감당하면 됩니다. 그리고 남은 것은 아이의 걸음뿐입니다. 이제는 아이가 자신의 속도로, 때로는 더디더라도 꾸준히 걸어가며 배워갈 시간입니다. 부모로서 우리가 할 수 있는 일은 그 걸음을 지켜보고 믿고 기다려주는 것뿐입니다.

이렇게 해서 우리의 온라인 고등학교 여정은 시작되었고, 앞으로 이어질 길은 아이의 힘으로 열어 나가야 할 몫입니다. 그리고 우리는 그 걸음을 믿기로 했습니다.

3장

공부법 & 포트폴리오 전략

AP, 낯설고도 중요한
첫 선택

　　　　　온라인 고등학교에 등록하고 나니 또 하나의 큰 선택 앞에 서게 되었습니다. 바로 '어떤 AP 과목을 수강할 것인가'라는 문제입니다.

　앞서 언급했듯이 AP, 즉 Advanced Placement는 미국 고등학교에서 대학 과목을 미리 수강하고 시험을 통해 대학 학점까지 받을 수 있는 제도입니다. 만만한 과정이 아니기에 대부분의 미국 고등학생은 10학년부터 AP 과목을 시작해 12학년까지 점차 늘려가는 것이 일반적입니다. 저희도 9학년 첫해에는 미국 교육에 적응하는 데 집중하자는 마음으로 AP 대신 Honors 수준의 과목으로 구성된 커리큘럼을 선택했습니다.

　하지만 온라인 고등학교에는 각기 다른 목표와 학습 속도를 가진 다양한 학생들이 모이다 보니, 9학년임에도 AP 과목을 수강하고 시험까지 마친 친구들도 있다는 이야기를 듣게 되었습니다. 처음에는 놀랐지만, 그 아이들의 이야기를 들으며 우리도 가능하지 않겠나 싶었습니다.

물론 일반적인 미국 고등학교는 방침상 9학년에는 AP 과목을 선택할 수 없도록 제한하는 경우가 많습니다. 그에 비해 온라인 고등학교는 비교적 자유로운 환경이라 준비만 되어 있다면 도전해볼 수 있는 장점이 있습니다. 낯선 용어와 시스템에 머리는 복잡했지만, 하나하나 구조를 들여다보니 오히려 IB 과정보다 유연하고 실용적인 커리큘럼이라는 인상을 받았습니다.

어떤 길을 가게 될까, 삶의 방향을 묻는 질문

며칠 전 지인에게서 연락이 왔습니다. 지인의 아이가 부모의 해외 발령으로 11학년에 다른 나라의 국제학교로 전학을 가게 되었다는 내용이었습니다. 원래는 IB 과정을 운영하는 학교에 다녔는데 새로 가게 된 학교는 AP 과정이 중심인 곳이라고 했습니다. 당황한 기색이 역력했던 지인은 조심스럽게 메시지를 보내더니, 하루에도 몇 번씩 연락하며 질문 공세를 시작했습니다.

"AP Psychology는 입시에 도움이 될까요?"

"우리 아이는 의학 계열을 생각하고 있어서 AP Biology랑 Chemistry는 꼭 들어야 한다는데, 이걸 동시에 수강할 수 있을까요?"

"반드시 시험까지 봐야 하나요, 아니면 수업만 들어도 괜찮은 건가요?"

그렇게 한참 동안 질문을 퍼붓던 지인은 어느 날 멋쩍은 듯 이렇게 말하더군요.

"미안해요, 너무 자주 물어서…… 근데 우리 애 미래가 달린 문제라서요. 체면불구하고 물어보게 되네요."

그 말을 듣는 순간, 정확히 4년 전의 제 모습이 떠올랐습니다.

AP가 무엇인지조차 몰랐고, 어떤 과목이 어떤 진로로 이어지는지도 전혀 감을 잡지 못하던 시절. 막막한 마음으로 하루 종일 검색을 하고, 교육 커뮤니티에서 후기를 찾고, 미국 학생과 학부모들이 올려놓은 레딧의 글을 읽으며 정보를 모으던 제 모습이 떠올랐습니다.

지인에게 답변을 하다 보니 자연스레 우리 아이가 당시 어떤 기준으로 AP 과목을 선택했는지를 돌아보게 되었습니다. 그때 우리의 기준은 단지 "입시에 좋다"는 이유만으로 과목을 고르지 않는 것이었습니다. 그렇다고 아이의 흥미에만 치중할 수도 없었습니다. 결국 중요한 것은 '이 과목을 감당해야 하는 사람은 아이'라는 사실이었지요. 아이가 흥미를 느끼고 대학 입시 전략에도 도움이 되는 과목을 선택해야 했습니다. 그래서 이것을 단순한 '과목 고르기'가 아니라 '전공 탐색의 시작점'으로 삼기로 했습니다.

"이 아이는 앞으로 어떤 길을 가게 될까?"

해외 대학 입시는 학업 성적 외에도 활동, 에세이, 추천서, 진로 방향까지 유기적으로 연결되어 있기 때문에, 아이의 장래희망이나 관심 분야가 조금이라도 빨리 정해지길 바라는 마음이 들 수밖에 없었습니다.

하지만 경험을 통해 가장 크게 배운 점은, 진로에 관한 대화는 서두르지 말고 조심스럽게 시작해야 한다는 것이었습니다. 마치 씨앗을 심듯 말 한마디가 아이의 마음속에 깊이 뿌리내릴 수 있기 때문입니다. 그래서 우리는 이렇게 말했습니다.

"지금 너는 미래를 정하고 있는 게 아니라 너 자신을 알아가는 중이야."

9학년은 진로를 '결정'하는 시기가 아니라 진로를 '탐색'하는 시점입니다. 정답을 빨리 찾는 것이 중요한 게 아니라, 충분히 고민해보고 자신에게 맞는 길을 찾아가는 과정 자체가 중요합니다.

그렇게 전공에 대해 조심스레 이야기를 나누던 어느 날, 아이는 명상 클럽에서 활동하면서 심리학에 관심이 생겼다고 말해주었습니다. 아직 구체적인 직업은 떠오르지 않지만, 앞으로는 지금과는 전혀 다른 새로운 직업이 생길 것이고 자신은 전 세계를 돌아다니며 온라인으로 일하는 사람으로 살고 싶다고 했습니다. 사실 그 말을 듣고 저는 조금 놀랐습니다.

현재의 직업이 아닌, 미래의 가능성까지 스스로 상상해보고 있다는 점에서 아이가 많이 성장했음을 느꼈기 때문입니다. 아마도 미국의 온라인 고등학교라는 새로운 환경에서 공부하면서, 바다 건너의 자신의 미래를 스스로 설계해보는 힘이 자랐던 게 아닐까 싶습니다. 이를 계기로 저는 예전부터 알고 있던 미네르바 대학교를 아이에게 소개했습니다. 그리고 그때부터 미네르바 대학교는 아이에게 '드림 스쿨' 중 하나가 되었습니다.

이 모든 시작은 하나의 질문에서 비롯되었습니다.

"어떤 AP 과목을 선택할까?"

그 질문에는 단순한 과목 선택을 넘어 '나는 앞으로 어떤 삶을 살고 싶은가?', '나는 누구인가?'라는 더 깊은 물음이 숨어 있습니다.

지금 돌아보면 그 질문에 정답은 없었습니다. 그저 아이와 함께 고민하고 조금씩 방향을 잡아가는 과정이 전부였고, 그 과정이 가장 소중한 교육이었습니다.

다음은 아이가 10학년부터 12학년까지 수강한 AP 과목을 학년별로 정리한 것입니다. 각각 College Board의 공식 영어 명칭과 함께 한글 번역도 병기해두었습니다.

둘째가 미국 온라인 고등학교에서 수강한 AP 과목들

학년	AP 과목(공식 영어명칭)	한글 번역
10학년	AP Microeconomics AP Psychology AP World History: Modern	AP 미시경제학 AP 심리학 AP 세계사: 근대 이후
11학년	AP English Language and Composition AP United States History AP Biology AP Calculus AB(took BC exam)	AP 영어와 작문 AP 미국사 AP 생물학 AP 미적분학 AB(BC 시험 응시)
12학년	AP English Literature and Composition AP Macroeconomics AP Statistics AP Human Geography	AP 영문학과 작문 AP 거시경제학 AP 통계학 AP 인간지리학

> **참고**
>
> - 이 구성은 아이가 심리학 전공을 염두에 두고 선택한 AP 커리큘럼입니다. 각 과목은 단순히 입시 전략만이 아니라 전공 탐색의 방향성과 흥미를 함께 고려해 결정된 것입니다.
> - 하지만 이 표는 어디까지나 '참고용'일 뿐 절대적인 기준이 아님을 분명히 말씀 드립니다. 학생마다 흥미와 강점, 학업 스타일, 미래에 그리는 삶의 모습이 다르기 때문에 AP 과목 선택은 반드시 아이와 충분히 대화하고 고민한 끝에 함께 결정해야 합니다.
> - '심리학 전공이라면 무조건 이 과목들을 들어야 한다'는 식의 단순한 공식은 존재하지 않습니다. 중요한 것은 아이가 어떤 과목을 듣느냐보다 왜 그 과목을 선택했는가, 무엇을 느꼈고 얼마나 주도적으로 배웠는가입니다.
> - 11학년 때 학교 과정에 AP Calculus BC 과정이 갑자기 없어지는 바람에 AP Calculus AB를 수강하고 따로 준비하여 AP Calculus BC 시험을 보았습니다. 이런 방법도 있으니 참고하시기 바랍니다.

미국 대학이 과목의 '도전 정신(rigor)'을 중요하게 보는 이유

미국 대학 입시는 단순히 내신 성적(GPA)만으로 학생을 평가하지 않습니다. '그 성적이 어떤 수준의 수업에서 나왔는가?'를 함께 보는 것이 특징입니다.

예를 들어 4.0 GPA를 받았더라도 모두 Regular 수준 과목이라면, 대학은 '쉽게 높은 성적을 받았을 수 있었다'고 생각할 수 있습니다. 반대로 AP나 Honors 수준에서 3.7~3.8의 GPA를 받았다면 '도전적인 과목에서 성실히 노력했다'는 점을 더 높이 평가합니다. 즉, 성적의 '절대값'보다 '과정의 깊이'와 '도전 정신'을 중요하게 여기는 것이 미국 대학 입시의 특징입니다.

AP를 처음 마주했을 때 가장 놀랐던 점은 선택 가능한 과목의 '폭'이 상상 이상으로 넓다는 것이었습니다. 과목 리스트를 처음 열어보던 날, 한동안 멍하니 화면만 바라볼 수밖에 없었습니다. 너무 많아서 한눈에 들어오지도 않았고, 어디서부터 고민해야 할지조차 막막했습니다. 결국 리스트를 프린트해서 하나하나 체크해가며 살펴보기 시작했습니다.

게다가 '프리리퀴짓prerequisite'이라는 개념도 생소했습니다. 어떤 과목은 그전에 반드시 선행 과목을 마쳐야 수강이 가능한 구조였습니다. 단순히 "듣고 싶다"고 신청할 수 있는 시스템이 아니었던 것입니다.

수학, 생물, 화학, 물리, 통계학, 경제, 정치학, 심리학, 컴퓨터 과학, 미술사, 환경과학…… 줄줄이 이어진 과목들을 보다 보니 마치 대학의 전공 안내 책자를 펼쳐놓은 듯한 기분이 들었습니다.

"정말 고등학생이 이걸 다 공부할 수 있는 걸까?"

놀라움과 동시에 '이 많은 과목 중 우리 아이에게 가장 맞는 건 무엇일까?'라는 막막함이 밀려왔습니다.

AP와 SAT 시험 대비는
어떻게 했나요?

미국 온라인 고등학교로 대학 입시에 성공했다고 하니, 미국 입시를 준비하는 주위의 부모님들은 AP와 SAT를 어떻게 공부했는지를 가장 궁금해했습니다. 그러면 저는 가장 먼저 College Board를 들어가서 살펴보셨는지, 아직 안 하셨다면 아이와 함께 계정을 만들고 들어가보라고 권유합니다.

한국에서 수능을 교육부 산하기관이 주관하듯, 미국의 주요 입시 시험은 민간 비영리기관인 College Board에서 관장합니다. College Board는 미국 전역의 대학교와 고등학교, 그리고 교육 전문가들이 함께 만든 조직으로 미국 대학 입시에 큰 영향을 미치는 여러 시험과 프로그램을 개발하고 운영합니다.

가장 대표적인 것이 바로 SAT와 AP 시험입니다. 그렇기 때문에 이 중요한 시험을 잘 치르려면 College Board와 친숙해지는 것이 우선입니다. College Board는 단순히 시험만 출제하는 기관이 아닙니다. 각 과목마다 공식 커리큘럼 Course Framework을 제시하고, 이를 기반으로 교과서, 연습 문제, 실전 자료를 제공합니다. 그러므로 AP나 SAT를 제대로 준비하려면 단순히 문제풀이를 넘어 College Board가 제시하는 공식 자료를 철저히 이해하고 활용하는 것이 중요합니다. 많은 학생들이 AP 시험 준비를 문제집이나 학원 강의로 시작하지만, 정작 가장 중요한 '공식 커리큘럼'은 놓치는 경우가 많습니다. 하지만 AP 시험은 모두 철저하게 College Board가 공개한 Course Framework를 기반으로 출제됩니다. 다시 말해 시험에 출제될 범위와 깊이, 평가 방식까지 모두 이 문서에 담겨 있다는 뜻입니다.

예를 들어 AP Biology는 단순 암기형 과목이 아닙니다. 단원 간 개념을 어떻게 연결하는지, 실험 상황에서 어떤 사고력을 보이는지가 중요합니다. 커리큘럼에 명시된 핵심 개념 Core Concepts과 과학적 탐구 SCI Practices를 중심으로 공부해야 고득점이 가능합니다. 또한 AP US History는 방대한 사건과 시대를 통째로 외우기보다는 시간의 흐름 속에서 사상과 정책의 변화, 그리고 문서 분석 능력을 평가합니다. 커리큘럼에는 시대별 주제, 분석 기술 Historical Thinking Skills, 에세이 채점 기준이 명확히 제시되어 있습니다.

이처럼 AP 과목은 단지 많은 정보를 암기한다고 해서 고득점을 받을 수 있는 시험이 아닙니다. 그러므로 College Board가 요구하는 사고력과 분석 방식에 맞춰 접근해야 효과적입니다. 무엇보다 좋은 점은 공식 커리큘럼 문서를 누구나 무료로 열람할 수 있다는 것입니다. College Board 홈페이지에서 각 과목명을 검색하면 PDF 형태의 Course and Exam Description(CED)을 확인할 수 있는데 이 자료는 그야말로 '시험의 설계도'입니다. AP나 SAT 시험을 제대로 준비하고 싶다면, 가장 먼저 College Board 홈페이지에 가입하고 각 과목의 커리큘럼 문서를 꼼꼼히 살펴보세요. 시험을 치르는 것만큼이나 '시험이 어떤 방식으로 출제되는지'를 아는 것이 전략의 시작입니다. 이 길을 먼저 지나온 부모로서, 많은 학부모의 시험 대비 출발점이 '어느 학원을 가야 하는가?'라는 것을 전제로 하고 있다는 사실이 그래서 매우 아쉬웠습니다.

실전 AP 시험 준비 전략

College Board의 공식 커리큘럼을 충분히 이해했다면 이제 실제 시험 준비 단계로 넘어갈 차례입니다. AP 시험은 단순 암기만으로는 좋은 점수를 받기 어렵기 때문에 전략적인 공부법과 루틴이 매우 중요합니다. 특히 온라인 고등학교처럼 자기주도학습 환경에서 공부하는 아이에게는 체계적인 준비가 더욱 필요했습니다.

학원이 먼저가 아니라 커리큘럼 이해가 출발점입니다. 물론 AP 공부에 있어 강의나 학원의 도움도 때로는 필요합니다. 우리 아이도 혼자서만 모든 것을 준비한 것은 아닙니다. 때로는 학원의 도움을 받았고 유튜브 영상 강의나 인터넷 강의도 활용했습니다. 다만 이 모든 것은 '기초 개념을 다지고 실전 연습을 보완하는 보조 수단'이었을 뿐, 공부의 중심은 늘 공식 커리큘럼과 College Board 자료였습니다.

특히 기출문제 연습이 어려운 AP 시험의 특성상, 실전 연습을 위해 학원이 제작한 모의고사나 문제지를 활용한 점은 효과적이었습니다. IB 시험은 비교적 다양한 past paper를 쉽게 구할 수 있지만 AP 시험은 College Board에서 MCQ(객관식 문제)는 공개하지 않고 FRQ(서술형 문항)만 제공합니다. 그래서 시험 직전에는 MCQ 연습을 위해 학원이나 강의 자료에 의존할 수밖에 없는 부분도 있었습니다. FRQ는 직접 써보고 첨삭받는 것이 중요합니다. 특히 이해하는 것을 넘어 직접 쓰는 연습이 반드시 필요합니다. 우리 아이도 여러 번 FRQ 답안을 작성해서 과목 선생님들께 제출하고 피드백을 받았습니다.

단순히 "맞았다, 틀렸다"가 아니라 "왜 이 문장이 점수를 못 받았는지", "어떻게 논리를 더 명확히 전개해야 하는지"에 대한 첨삭을 통해 표현력과 분석력이 꾸준히 향상되었습니다. 이런 적극적인 태도와 채점 기준 Rubric에 맞춘 실전 연습이 결국 고득점으로 이어졌지요. 부모의 가장 큰 역할은 아이가 올바른 출발선에 설 수 있도록 시험에 대한 정확한 이해를 함께 나누는 것이라 생각합니다.

(부록1. AP 시험공부 전략 4단계 참조)

디지털 SAT 시대의 현명한 준비 전략

AP 시험과 더불어 미국이나 해외 입시에 중요한 또 하나의 시험이 바로 SAT(Scholastic Assessment Test)입니다. 많은 학부모가 SAT를 한국의 수능과 비슷한 시험이라고 생각하지만, 실제로는 시험의 성격과 평가 방식이 많이 다릅니다. SAT는 단순한 '지식'보다 독해력, 논리적 사고력, 수리 사고력을 평가하는 시험입니다. 그래서 암기식 공부보다는 시험의 구조를 깊이 이해하고, 문제 풀이 전략을 익히며, 시간 안배 능력을 키우는 것이 핵심입니다.

첫째 아이는 IB 과정의 고등학교를 졸업했지만, 한국 대학 3년 특례를 위해서는 SAT 점수를 따놓는 것이 유리하다고 하여 SAT도 시도했습니다. 그래서 저 역시 이 시험을 어느 정도 알고 있다고 생각했죠. 하지만 SAT는 2024년부터 디지털 방식으로 전환되면서 시험 구조에 큰 변화가 생겼습니다. 현재의 디지털 SAT는 Reading & Writing(읽기와 문법 통합)과 Math(수학) 총 2개의 섹션으로 구성됩니다.

무엇보다 우리에게 생소했던 것은 디지털 SAT가 각 섹션이 적응형adaptive 구조로 진행되어, 첫 번째 모듈의 성적에 따라 두 번째 모듈의 난이도가 조정된다는 것이었습니다. 이 말은 곧, 처음 몇 문제에서 실수가 쌓이면 이후 문제는 더 쉬워지는 대신 최고점을 받기 어려워진다는 뜻입니다. 따라서 초반 집중력과 정확도가 매우 중요해졌습니다. 또한 SAT는 지문을 읽고 해석하는 시험이 아니라 문맥 속에서 핵심 정보를 찾고, 논리 구조를 이해하며, 빠르게 요점을 파악하는 능력을 묻습니다. 일반적인 영어 독해와는 다르게 SAT만의 사고방식을 훈련해야 하는 이유입니다. 당시 SAT 학원들도 바뀐 방식에 대비하고 학생을 모집하느라 분주하고 어수선했지만, 일단 학원의 도움을 받아야 할 것 같아 10학년이 끝나고 11학년을 앞둔 여름 방학에 학원 등록을 해두었습니다.

SAT는 장기전입니다. 단기간 벼락치기로는 절대 고득점이 어렵습니다. 가장 이상적인 학습 루틴은 하루에 한 섹션씩이라도 매일 일정하게 훈련하는 것입니다. 저희의 경우 학원 개강 전에 시간이 얼마 남지 않아 꾸준함이 가장 큰 전략이었습니다. 매일 2~3시간, 하루에 한 지문 한 단원씩이라도 정확하게 풀고, 오답 노트와 해설 분석까지 마무리하는 공부 방식이 실력을 끌어올렸습니다.
(부록에 AP와 SAT 시험대비 공부법을 올려두었습니다. 공부 방법은 누구나 같을 수는 없습니다. [부록2. SAT 학원 가기 전에 이 정도는 하고 가세요]를 참고하시기 바랍니다.)

"엄마, 나 진짜 열심히 했는데 왜 안 돼요?"

5월 AP 시험을 끝낸 후, 한숨 돌릴 틈도 없이 곧바로 SAT 시험 준비에 돌입했습니다. 아이로서는 처음 겪는 '타이트한 학원 생활'이었고, 그 시작부터 쉽지 않았습니다. 입소문 난 SAT 실전반에 등록하자마자 첫날부터 단어 테스트와 문법 공부가 이어졌고, 점심도 거를 정도로 빡빡한 일정이 시작됐습니다. 마지막 날까지 단 하루도 여유를 가질 수 없는 훈련의 연속이었습니다.

물론 그동안 미리 다져둔 개념과 어휘력이 밑받침이 되었지만 SAT는 단순한 지식 시험이 아니라는 것을 매일 실감했습니다. 이 시험은 독해력, 논리적 사고력, 문맥을 파악하는 능력까지 종합적으로 요구하는 전혀 다른 유형의 시험이었습니다. 아이도 처음엔 좌절

했습니다. 실전반 수업을 하루 서너 시간씩 성실히 따라가고, 집에 와서도 밤늦게까지 해설지를 분석하며 최선을 다했지만 정작 첫 실전 성적은 기대에 한참 못 미쳤습니다.

"엄마, 나 진짜 열심히 했는데 왜 안 돼요?"

그 말이 너무 안타까웠습니다. 아이가 흘린 눈물은 단지 점수 때문만이 아니었습니다. 온 힘을 다했음에도 원하는 결과를 얻지 못한 자괴감, 거기에 자신에 대한 실망이 담겨 있었던 것이지요.

하지만 지나고 보니 그 순간이 한 단계 더 성장하는 계기가 되었던 것 같습니다. 이전에는 학원 선생님의 설명을 듣고 그대로 외우는 식이었다면, 이제는 문제를 스스로 해석하고 논리의 구조를 분석하려는 노력이 더해졌습니다.

'왜 이 문제가 이렇게 풀리는지, 왜 이 답이 정답인지'를 끊임없이 되짚고, 한 번 틀린 문제는 다시 풀고 또다시 확인하며 공부하는 방식으로 전환되었습니다. 이러한 변화는 차츰 점수에도 반영되기 시작했고, 무엇보다 아이의 태도가 훨씬 단단해졌습니다. 그리고 마침내 자신이 목표한 점수에 도달할 수 있었습니다.

SAT는 단순히 공부량이나 암기력만으로는 통과하기 어려운 시험입니다. 그러나 실패를 통해 '공부의 방향'을 바꾸고, 스스로 사고하는 힘을 키우며 나아간다면 결국 원하는 결과를 이끌어낼 수 있습니다. 저희 역시 그 눈물과 좌절, 그리고 깨달음의 시간들이 있었기에 가능했던 성장이라고 믿습니다.

이 과목만큼은 먼저 살펴보자, AP Calculus AB / BC

목표 대학과 전공이 정해지면 IB든 AP든 과목 선택의 방향이 뚜렷해집니다. SAT 점수와 GPA가 가늠되지 않아 목표 대학을 정하지 못했더라도, 전공만큼은 먼저 생각해보는 것이 과목 선택에서 우왕좌왕하지 않는 길입니다.

첫째 아이는 전공에 대한 관심과 선호가 뚜렷해서 IB 과목 선택에 큰 고민이 없었습니다. 물론 전공은 바뀔 수 있지만 그렇다고 해서 '일단 남들이 듣는 과목을 고르자'는 식으로 결정하면 나중에 후회하는 경우가 많습니다. 저 역시 그런 사례를 여럿 봤습니다.

둘째의 경우는 조금 달랐습니다. 이 아이의 입시 로드맵은 중학교 2학년 무렵 "나는 언니처럼 싱가포르 국립대에 갈 거야"라는 단순한 동기에서 시작됐지요. 전공보다 대학을 먼저 정한 경우였습니다. 그래서 바로 싱가포르 국립대학교 홈페이지에 들어가 American High School 과정의 입학 요강을 꼼꼼히 확인해봤습니다. 거기에는 다음의 문구가 또렷이 명시돼 있었습니다.

'법대를 제외한 모든 전공은 AP Calculus BC 점수를 필수로 제출해야 한다.'

즉, 둘째가 법대를 지망하는 것이 아니라면 AP Calculus BC는 반드시 들어야 하는 과목이라는 말입니다. 이 기준을 염두에 두었기에 미국 온라인 고등학교를 고를 때도 AP Calculus BC의 개설 여부를 우선적으로 확인했습니다.

그런데 미국 수학 커리큘럼은 한국과 구조가 많이 다릅니다. 보통 Algebra I → Geometry → Algebra II → Pre-Calculus → Calculus 순으로 이어지며, 학생에 따라 빠르게 혹은 천천히 진도를 나갈 수 있습니다.

9학년으로 온라인 고등학교에 입학한 둘째는 처음에 Geometry를 수강했습니다. 이대로라면 AP Calculus BC는 12학년 말에나 수강이 가능해 점수 발표도 7월로 늦춰지게 됩니다. 저는 그보다 훨씬 빨리 AP 시험을 보고 점수를 받아야 입시 준비에 유리하다고 판단했습니다. 이상적인 일정은 11학년에 AP Calculus BC를 수강하고 5월에 시험을 본 후 7월에 점수를 받아 12학년 초 원서 제출 시 함께 제출하는 것입니다.

그래서 온라인 고등학교 선생님께 상황을 설명하고 조언을 구했습니다. 선생님은 여름방학 동안 Algebra II를 먼저 수강하면 된다며 K12를 포함해 학점이 인정되는 몇몇 온라인 강의를 추천해주셨습니다. 그 말씀에 따라 저희는 K12 강의를 택해 수강했고, 해당 성적은 공식 성적표 Transcript에 반영되었습니다.

그 결과 10학년에 Pre-Calculus, 11학년에는 AP Calculus BC, 12학년 입시 원서에 그 점수를 제출하는 로드맵이 가능해졌습니다.

그런데 또 다른 난관이 생겼습니다. 10학년이 끝나고 11학년 과목을 신청하려던 참에 학교에서 AP Calculus BC 과목을 폐강한다는 통보를 받은 것입니다. 신청 인원이 너무 적어 개설이 어렵다는 이유였습니다. 이메일을 통해 학교에 재요청을 해봤으나 결과는 바뀌지 않았습니다. 저는 AP Calculus AB와 BC의 차이점을 다시 들여다봤습니다. BC는 AB 전체 내용을 포함하면서 수열, 급수, 극좌표, 미적분 등 대학 2학기 수준의 내용을 추가로 다룹니다. 중요한 건, BC 시험을 보면 AB 점수도 자동으로 함께 부여된다는 점입니다. (부록3. AP Calculus AB / BC란의 차이점 분석 참조)

고민 끝에 찾은 해법은 학교에서는 AP Calculus AB 수업을 듣고, 시험은 BC로 응시하는 방식이었습니다. 그리고 학교 수업에서 다루지 않는 BC의 추가 범위는 과외 수업으로 주 1회 보충했습니다. 결국 이 전략 덕분에 둘째는 수학 수업을 포기하지 않고도 목표했던 AP Calculus BC 점수를 확보할 수 있었고, NUS 입시 요건을 충족할 수 있었습니다.

이 경험을 통해 배운 것이 있습니다. 전공이나 대학을 확정하기 전이라 해도, 필수 과목이 무엇인지는 미리 파악해두어야 진로의 방향이 선명해지고 시간과 기회를 놓치지 않을 수 있다는 것입니다.

미국 중고등학교 수학 커리큘럼 개요

학년 (Grade)	과목 (일반적인 흐름)	한국 학제와 비교	비고
6~7학년	Pre-Algebra (프리대수)	중1	수 연산, 정수, 분수, 비례식 등 기초 대수 개념
8학년	Algebra I (대수 1)	중2~중3	일차방정식, 이차방정식, 함수 기초 등
9학년	Geometry (기하)	중3~고1	도형의 성질, 삼각형, 원, 증명 등
10학년	Algebra II (대수 2)	고1~고2	복소수, 함수, 심화, 로그, 수열 등
11학년	Pre-Calculus (미적분 준비 과정)	고2~고3	삼각함수, 지수·로그 함수, 극좌표, 한계값 등
12학년	Calculus(미적분) 또는 AP Calculus	고3~대학 수준	대학 1학년 수준의 미적분 수업

* 위는 전형적인 코스 순서입니다. 수학을 잘하는 학생들은 한두 학년 앞선 과목을 듣기도 하고, 반대로 약한 학생들은 느린 진도나 기초 수학을 다시 듣기도 합니다.

미국 수학 커리큘럼에 AP 통계학은 왜 없나요?

AP 통계학(AP Statistics)은 미국 고등학교 수학 커리큘럼에서 선택 과목으로 제공되며, 미적분(AP Calculus AB/BC)과는 다른 방향의 수학입니다.

대학 진학 시 STEM 전공(공학, 자연과학, 수학 등)을 목표로 하는 학생들은 대개 AP Calculus AB/BC를 우선적으로 선택하기 때문입니다. AP 통계학은 데이터 수집, 분석, 해석, 결론 도출 과정을 배우는 과목으로, 인문사회나 경영계열을 지망하는 학생에게 특히 유용합니다. 보통 미적분 과목과는 별도로 선택하는 과목이며 수학적 계산보다는 논리적 사고와 해석 능력이 요구됩니다.

Holistic Review를 위한 포트폴리오

해외 대학 입시를 준비하면서 반드시 알아야 할 중요한 개념이 하나 있습니다. 바로 'Holistic Review', 우리말로는 '전인적 평가 방식'이라 부르는 입학 사정 방식입니다. 첫째의 입시 때만 해도 한국 대학이 목표였기에 IB 파이널 점수를 1점이라도 더 잘 받아야 원하는 대학에 합격할 수 있다고 여겼습니다. 하지만 당시 첫째가 가장 가고 싶어 했던, 그리고 결국 합격하게 된 학교는 바로 미국 명문대의 리버럴 아츠 칼리지 커리큘럼으로 운영되는 싱가포르 국립대 내의 한 College였습니다. 이 학교의 입시요강에 바로 'Holistic Review로 평가한다'라고 명시되어 있었습니다. 저는 이때 'Holistic Review'라는 용어를 처음 접했습니다.

예전에는 미국 상위권 대학들만 사용하는 방식으로 알려져 있었는데 이제는 캐나다, 싱가포르, 홍콩, 심지어 한국의 영어 트랙 전형에까지 이 흐름이 퍼지고 있습니다. 다시 말해 우리 아이가 어느 나라의 어느 대학을 목표로 하든, 이 Holistic Review를 이해하지 않고는 입시를 제대로 준비했다고 말하기 어려운 시대가 된 것입니다. 첫째 때는 뭣 모르고 원서 쓸 때 이 용어를 접했지만, 둘째 때는 완벽하진 않아도 한 번 겪어봤으니 어느 정도는 감이 있었습니다.

이 방식의 핵심은 단순합니다.

"학생을 점수로만 평가하지 않는다."

물론 학업 성적과 시험 점수도 중요하죠. 하지만 그것만으론 부족합니다. 대학들은 학생이 어떤 사람인지, 무엇에 열정을 쏟아왔는지, 어떤 가치를 추구하는지, 앞으로 어떤 기여를 할 수 있는지를 종합적으로 봅니다. 그래서 GPA, SAT, AP 성적뿐 아니라 봉사활동, 인턴 경험, 리더십, 창의적 프로젝트, 동아리 활동, 그리고 무엇보다도 그 모든 것을 녹여낸 에세이와 추천서가 큰 역할을 하게 됩니다.

둘째까지 입시를 경험하고 나니, 부모가 먼저 이런 변화의 흐름을 이해하고 준비해야겠다는 생각이 들었습니다. 아이가 얼마나 똑똑하고 점수를 잘 받았느냐보다 어떤 삶을 살아왔는지에 주목하는 입시, 그것이 바로 Holistic Review가 요구하는 방향이고, 내 아이를 그 안에서 자기답게 빛나게 만드는 것이 부모의 역할이라는 걸 알게 되었습니다.

온라인 고등학교 과정을 이수하며 대학 입시를 준비한다고 하니, 미국 입시나 국제학교 커리큘럼에 익숙한 분들은 '과외활동 Extracurricular Activity' 부분을 많이 걱정하십니다. 한국어로는 '과외활동'이라고 번역되지만 사실 그 이상의 의미를 담고 있습니다. 봉사활동, 리더십, 각종 대회 참가, 오케스트라 스포츠 클럽 활동 등 학생이 어떤 일에 시간과 열정을 쏟았는지를 보여주는 중요한 지표거든요. 그저 '스펙'의 나열이 아니라, 그 아이가 누구인지를 말해주는 또 하나의 언어라고 할까요.

물론 온라인 고등학교라는 특성상 활동에 제약이 있는 것도 사실입니다. 하지만 언제나 그랬듯, 없는 것을 애써 찾기보다는 지금 우리 주변에 있는 것들에서 가능성을 발견하기로 했습니다.

봉사활동,
스펙이 아닌 진심으로 이루어낸 시간

둘째는 어릴 적부터 선생님 놀이를 좋아했습니다. 유치원에서 돌아오면 그날 선생님의 말투, 헤어스타일까지 따라 하며 인형들을 앞에 두고 수업을 하곤 했죠. 그런 둘째가 중학생이 되었을 무렵, 대학생이 된 언니가 용돈을 벌기 위해 온라인 영어 과외를 시작했습니다. 언니가 "이제 과외할 시간이야"라고 말하며 방으로 들어가면, 둘째는 그 너머를 부러운 눈으로 바라보며 말했습니다.

"나도 할 수 있는데…… 나도 해보고 싶다."

그러던 어느 날, 지인의 아들이 급성 백혈병으로 병원에 입원했다는 소식을 들었습니다. 코로나로 모든 것이 제한된 시기였기에 병문안은커녕 위로의 말조차 조심스러웠죠. 지인의 아들 솔이는 중학교 1학년으로, 가장 활동적이어야 할 시기에 병원과 집을 오가며 외부 활동은 물론 등교조차 할 수 없는 상황이었습니다.

그 이야기를 들은 둘째가 말했습니다. "엄마, 솔이의 영어 공부는 내가 맡을게."

둘째와 솔이는 만나본 적도 없고 그전까지는 서로의 존재도 몰랐던 사이였습니다. 하지만 아픈 친구에게 도움이 되고 싶다는 마음, 그리고 내가 할 수 있는 일은 영어를 가르치는 일이라는 확신이 만나 아이는 조용히 자신의 마음을 열었습니다.

조심스럽게 지인에게 말을 꺼냈습니다. '열여섯 살 아이가 뭘 가르치겠어'라고 생각하실까 봐 걱정했는데, 다행히 솔이와 짧은 상의 끝에 흔쾌히 허락해주셨습니다. 그렇게 둘째는 그날부터 이후 3년 가까이 매주 한 번씩 솔이와 온라인으로 영어 수업을 이어가기 시작했습니다. 병원과 집을 오가는 솔이의 상황에 맞춰 수업도 유연하게 구성했습니다. 집에서는 교재 기반의 말하기와 회화 수업을, 병원에서는 영상 기반의 듣기 수업을 진행했지요. 처음엔 수업 준비에 시간이 오래 걸렸지만 시간이 흐를수록 튜터로서 자신만의 노하우가 생겼고, 준비 시간은 줄어들면서 수업의 깊이는 더해졌습니다. 급기야는 "엄마, 다른 환우도 있으면 소개해달라고 할까?"라고 할 만큼 활동 범위를 넓히고 싶어 했습니다.

그렇게 해서 비영리 단체 HopeBridge Tutoring이 탄생했습니다. 병이나 환경적 이유로 학교에 다닐 수 없는 학생들에게 온라인으로 무료 영어 수업을 제공하고자 스스로 만든 작은 단체였죠. 솔이와는 지금까지 총 70회 이상의 수업을 진행했고 온라인 교재 5권을 함께 마쳤습니다.

둘째는 이 활동에 대해 대학 입시 원서에 이렇게 썼습니다.

질병이나 경제적 어려움 때문에 교육에서 멀어지는 학생들을 보며, 저는 '교육은 누구에게나 닿아야 한다'는 신념으로 이 활동을 시작했습니다. 학년이나 출석 일수가 아닌, '배움의 기회를 놓치지 않게 하는 것'이 진정한 교육의 본질이라는 것을 이 경험을 통해 깨달았습니다. 제가 만든 비영리 단체는 단순한 수업 이상의 의미를 갖고 있으며, 제 삶과 공동체에 작지만 깊은 울림을 남긴 여정이었습니다.

이야기는 결국 특별한 재능이 아니라 진심에서 출발했습니다. 온라인이라는 환경, 질병이라는 제한된 조건 속에서도 '누군가에게 도움이 되고 싶다'는 마음이 어떻게 구체적인 활동으로 이어지는지를 보여주는 소중한 기록이기도 합니다.

몇 년 전 한 유명 정치인의 자녀가 국내 국제학교에 재학 중이던 시절, 입시용 스펙을 조작해 미국 명문대에 합격했다가 그 사실이 드러나 사회적으로 큰 파장이 일었습니다. 단순히 한 개인의 잘못을 넘어, 부모의 지위와 권력을 동원해 만들어진 '가짜 봉사활동'이 입시에서 어떻게 활용되는지를 보여준 대표적인 사례였죠.

이 사건은 우리에게 중요한 질문을 던집니다. 과연 '좋은 활동'이란 무엇일까요? 그리고 입시를 준비하는 학생에게 '진짜 의미 있는 경험'이란 무엇일까요? 저는 그 답이 '진정성'이라고 생각합니다. 누군가를 돕고 싶다는 마음, 내가 가진 것을 나누고 싶다는 생각에서 출발한 활동은 결국 어떤 방식으로든 그 가치가 드러납니다. 힘 있는 누군가가 만들어준 위조된 기회가 아니라, 스스로의 발로 찾아내고 책임 있게 이어간 시간은 그 자체로 아이의 인생에 그림 한 장이 남습니다.

둘째의 영어 수업이 그랬듯, 단 한 명이라도 진심으로 연결되었다면 그 경험은 이미 입시 이상의 가치를 가진 것입니다. 입시를 위한 봉사활동이 아닌, 삶을 위한 봉사활동이 될 수 있도록 우리는 아이가 무엇을 할 수 있고 무엇을 하고 싶은지를 먼저 들여다보아야 하지 않을까요?

수상내역,
학교가 인정한 진정성

첫째도 둘째도 저희 아이들은 특별한 재능이나 배경을 가진 아이들이 아닙니다. 지금 이렇게 아이들의 이야기를 꺼내는 이유도 누군가에게 '우리 아이도 할 수 있겠구나' 하는 가능성의 불씨가 되기를 바라는 마음 때문입니다. 흔히 해외 명문대학 합격 소식과 함께 외부 수상 경력을 쭉 나열한 소개글을 보면 '역시 저 집은 뭔가 달라서 그래' 하는 생각이 들게 마련인데, 우리 아이의 수상 경력을 보신다면 오히려 '이렇게 평범한 아이도 특별한 기회를 얻을 수 있구나' 하고 느끼실지도 모르겠습니다.

첫째는 싱가포르에서 국제학교에 다녔기 때문에 교내외에서 열리는 다양한 활동에 접근이 쉬웠습니다. 방과 후 열리는 소규모 대회나 체험 프로그램, 클럽 활동 등을 통해 자기가 원하는 만큼 참여하고 몇몇 상도 받으며 성장의 기회를 누릴 수 있었죠. 하지만 둘째가 다닌 온라인 고등학교는 상황이 조금 달랐습니다. 학교 수업은 정해진 시간표에 따라 이뤄지지만, 대회나 활동은 그렇지 않았기 때문에 실시간으로 함께 모여 경쟁하는 형식의 교내 대회는 물리적으로 운영이 쉽지 않았습니다.

물론 온라인 고등학교에도 외부의 수학 경시대회나 과학 탐구 대회를 목표로 준비하는 클럽은 있습니다. 하지만 둘째는 그런 활동에 큰 흥미를 보이지 않았고, 외부 대회엔 참여하지 않았어요. 대신 글쓰기를 좋아했기에 유명한 에세이 대회에 나가보기로 했습니다. 그런데 막상 참여 방법을 알아보려고 검색해보니 대부분이 학원이나 컨설팅 업체의 광고 글이더군요. 참여자 대부분이 전문가의 도움을 받고 있다는 점이 아쉽기도 했고, 우리 가치관과도 맞지 않아 둘째는 직접 주제를 정하고 자료를 조사하며 진심으로 참여해보기로 했습니다.

두 번이나 에세이 대회에 도전했지만 결국 수상하지는 못했습니다. 그래도 아이와 저는 그 시간을 아깝다고 생각하지 않습니다. "주제를 정하고 그걸 몇 주간 깊이 있게 탐구하는 경험 자체가 소중한 거야. 엄마는 '결과보다 과정이 중요하다'는 말, 이제야 실감이 나더라"는 말에 아이도 공감해주었고, 우리는 상을 못 받았다는 결과보다는 함께 고민하고 연구했던 시간에 의미를 두었습니다.

이처럼 둘째는 남들처럼 외부 대회에서 화려한 수상 경력을 쌓지는 못했습니다. 하지만 그 대신 자신이 속한 환경, 즉 온라인 고등학교라는 작은 커뮤니티 안에서 자기가 할 수 있는 일을 찾고, 그것에 진심을 다하기로 했죠. 그리고 그 결과 아이는 매년 학교가 주는 상장을 하나씩 받았습니다.

사실 많은 분들이 묻곤 합니다.

"온라인 고등학교에도 상장이 있나요?"

있습니다. 오히려 그 상은 학교 구성원들, 특히 교사들의 추천과 투표로 수여되기에 학생의 태도와 진심이 반영된 결과라는 점에서 더욱 뜻깊은 상이라고 생각해요.

저희 아이는 재학 중 3개, 졸업식 때 1개, 총 4개의 '커뮤니티 가치상Community Values Awards'을 수상했습니다. 모두 학교가 중요하게 여기는 핵심 가치를 삶에서 얼마나 실천했는지를 평가해 수여하는 상입니다. 매 학기 여섯 부문에서 각 한 명만 받을 수 있는 영예로운 상으로, 학교가 추구하는 교육 철학과 공동체 정신을 가장 잘 실천하고 보여준 학생에게 수여됩니다. 성적뿐 아니라 태도, 리더십, 인성까지 전반적으로 뛰어난 학생이라는 평가를 받은 결과였습니다.

리더십,
지금 할 수 있는 일을 묵묵히 해나가는 힘

해외 대학 입시를 준비하다 보면 반드시 마주하게 되는 단어가 있습니다. 바로 '리더십Leadership'입니다. 많은 부모님들은 이 단어를 들으면 '학생회장'이나 '동아리 회장' 같은 직함을 먼저 떠올리곤 합니다. 물론 그런 역할도 리더십의 한 모습이지만, 미국을 비롯한 많은 해외 대학에서 말하는 리더십은 단지 '직책'이 아닙니다. 자신이

아이가 재학 중 수상한 커뮤니티 가치상 내용

• Hard Work Community Values Award
300명 중 단 한 명에게 수여되는 이 상은, 학년 초 가장 어려워하던 AP Calculus AB 과목을 포기하지 않고 매주 헬프 데스크에 참여하며 꾸준히 노력한 끝에 결국 A+라는 성적으로 마무리한 성장을 인정받아 받은 상입니다. 교사들은 아이의 끈기와 열정을 높이 평가해주셨습니다.

• Appreciation of Diversity Community Values Award
문화적 다양성을 존중하고 포용적인 공동체를 만들기 위한 노력과 리더십을 인정받아 수상한 상입니다. 아이는 글로벌 커뮤니티 프로그램인 Global Café 등에서 다양한 문화권 학생들이 서로 이해하고 소통할 수 있도록 도왔습니다.

• Compassion Community Values Award
또래 학생들을 위한 멘토링 활동에서 보여준 배려와 헌신을 인정받아 받은 상입니다. 이미 멘토를 맡고 있었음에도 자발적으로 두 명의 멘티를 추가로 맡아 학기 중에도 꾸준히 상담하고 도움을 주었습니다. 바쁜 학업 중에도 '타인을 챙기는 마음'을 보여준 것이 교사들에게 깊은 인상을 남긴 것 같습니다.

이 3개의 상은 단순히 장식용으로 이름만 올린 것이 아니라 아이가 온라인이라는 환경에서 진심으로 배움에 임하고 자신이 속한 작은 공동체에 기여하고자 노력한 시간에 대한 증표였습니다. 이 상장들은 단순한 '스펙'이 아니라 아이가 '누구와 함께, 어떻게 살아가고 싶은 사람인지'를 보여주는 또 하나의 언어라고 생각합니다. 아이들은 생각보다 정직하고 진심을 알아봅니다. 그리고 그 진심을 담아 한 걸음씩 나아갈 때, 외부의 화려한 상장보다 훨씬 깊은 의미를 증명해내는지도 모르겠습니다.

속한 공동체 안에서 변화를 만들기 위해 주도적으로 행동한 경험, 그것이 핵심이에요.

리더십은 '사람을 이끄는 능력'이라기보다는 '책임을 감당하는 자세', '의미 있는 방향으로 움직이게 하는 영향력'에 가깝습니다. 친구 한 명을 돕는 일, 새로운 모임을 제안한 경험, 또는 누구보다 먼저 손들고 불편함을 바꿔본 순간들, 이 모든 것이 입학사정관의 눈에는 진짜 리더십으로 보입니다.

사실 저 역시 처음에는 막연하게 '화려한 역할' 정도로만 생각했습니다. 하지만 온라인 고등학교 생활을 함께 지켜보면서 화면 속에서도 조용히 자신의 자리에서 공동체를 바꾸는 '진짜 리더십'이 가능하다는 것을 알게 되었어요. 이해를 돕기 위해 지금부터 소개할 몇 가지 활동은 둘째가 '이끌기보다는 함께 움직이려 했던' 과정의 기록입니다.

아이는 온라인이라는 제한된 환경에서도 '공동체 안에서의 의미 있는 변화'를 위해 스스로 역할을 찾아 나섰습니다. 그것은 단지 화려한 타이틀이나 직책이 아니라 '지금 내가 할 수 있는 일'을 묵묵히 해나가는 힘이었죠.

그중 하나는 심리학에 대한 관심에서 시작된 심리학 동아리 Psychology Club 창립이었습니다. 학교에 아직 심리학을 주제로 한 클럽이 없다는 사실을 알고, 스스로 동아리를 만들고 이끌었습니다. 동아리 구성원들과 함께 격주로 다양한 심리학 분야를 탐구하며(스포츠 심리학, 신경심리학, 임상심리학, 비교심리학 등) 관련 진로 정보까지 직접 조사해 제공했습니다. 관심사가 같은 친구들과 함께 배우는 공간을 스스로 만든 것이죠.

또한 정신 건강이라는 민감하지만 중요한 주제를 다루는 Mental Wellness Club에서는 학생들이 불안, 우울, 섭식장애, FOMO(Fear of Missing Out, 친구들과의 경험이나 정보에서 소외될까 봐 느끼는 불안감) 같은 주제를 솔직하게 나눌 수 있도록 공간을 만들었습니다. 편안한 분위기에서 경험을 나누고 명상 세션도 직접 이끌며 학교 스트레스를 줄이는 데 도움을 주었어요.

이와 더불어 학교 내 국제학생 교류 커뮤니티인 Global Café의 리더로도 활동하며, 세계 여러 나라에서 온 학생들이 서로의 문화를 공유하고 존중하는 만남의 장을 만들어갔습니다. 온라인 공간에서도 문화의 다양성과 포용을 실천하며 '글로벌 공동체 안의 연결자' 역할을 해냈습니다.

무엇보다 인상 깊었던 활동은 피어 멘토였습니다. 신입생들에게 온라인 학교생활을 안내하고, 학업과 커뮤니티 적응을 도우며 일주일에 여러 차례 연락을 주고받는 든든한 안내자가 되었어요. 이 활동에서 인정받아 '멘토 리더'가 된 후에는 다른 멘토들을 교육하고 커뮤니케이션 전략까지 공유하는 등 리더의 리더 역할까지 맡게 되었습니다.

이 모든 활동은 아이가 가진 리더십의 방향성을 말해줍니다. 타고난 리더가 아니라 '내가 할 수 있는 일'을 찾고 실천하며 조금씩 성장한 아이의 여정이었죠. 중요한 건 어떤 환경에서도 '책임지고 움직이는 사람'은 결국 리더가 된다는 것입니다. 그 출발은 거창하지 않았습니다. 질문하고 제안하고, 한 번 더 손들고, 한 명 더 챙기는 것에서 시작된 것이지요. 절대적으로 '이런 것들이 입시에 도움이 된다'는 것을 보여주려는 것이 아닙니다. 이런 과정을 참고로 여러분 각자에 맞는 리더십을 설계해가시기를 바라는 마음입니다.

인턴십,
마음이 머문 시간이 중요

해외 대학 입시에서 자주 등장하는 단어 중 하나가 바로 '인턴십 Internship'입니다. 많은 학부모님들이 "고등학생이 인턴을 왜 해?", "직장 경험이 대학 입시에 왜 필요하지?"라고 의아해하시곤 하죠. 하지만 해외 대학들은 인턴 경험을 단순한 직업 체험이 아닌, 진로 탐색의 실제적인 증거로 바라봅니다.

관심 있는 분야를 이론이 아닌 현장 속에서 직접 경험해봤는가, 그 안에서 어떤 깨달음이나 고민을 했는가는 학문적 동기와 진정성을 보여주는 중요한 요소가 됩니다. 꼭 큰 기업이 아니더라도 그 경험이 학생의 방향성을 구체화해주었다면 대학은 그 점을 높이 평가합니다.

그렇다고 모든 인턴십이 뜻 깊거나 만족스럽기만 한 것은 아닙니다. 아이 역시 몇 가지 활동을 고민 끝에 선택했지만, 가장 마지막에 했던 인턴 경험은 아쉽게도 기대에 못 미쳤습니다.

이런 활동들이 모두 처음부터 물 흐르듯 흘러간 것은 아닙니다.

특히 외부에서 해야 했던 인턴십 활동은 지나고 보니 아이에게 큰 감흥을 남기지 못한 경험이었죠. 사실 고등학생 신분으로 국내에서 인턴십 자리를 구한다는 것 자체가 거의 불가능에 가깝습니다. 아는 사람을 통해 연결되지 않는 한 현실적으로 문이 열리지 않더군요. 설령 아는 사람이 있다 해도 고등학생이 기업이나 기관에서 실제 업무에 투입된다는 것은 오히려 민폐가 될 부담이 컸습니다.

그럼에도 불구하고 아이는 꼭 인턴이라는 경험을 해보고 싶어 했습니다. 그래서 해외에서 온라인으로 진행되는 인턴십이 있어 여러 군데 지원했지만, 대부분은 '미국 외 거주자'라는 이유로 아예 기회조차 주어지지 않았어요. 몇 차례 낙방을 겪으며 아이도 많이 지쳐갔습니다.

그러던 중 어렵게 한 곳의 인턴십이 승인되었습니다. 비용을 지불해야 하는 심리학 분야의 온라인 상담 인턴십이었어요. 상담 장면을 영상으로 제공받고, 상담 보고서를 작성하거나 관련 연구 내용을 학습하는 방식이었죠. 당시 심리학을 전공하고 싶어 하던 아이는 실제 상담이란 무엇인지, 상담실 안에서는 어떤 대화와 태도가 오가는지를 막연하게만 상상하고 있었기에, 이 기회를 통해 상담 현장을 눈으로 확인하고 싶다고 간절하게 말했습니다.

솔직히 저로서는 망설여졌습니다. 돈을 내고 참여하는 체험 활동이 입시에 활용할 '인턴십'이라 부를 수 있는 수준인지 의문이 들었습니다. 억지로 구색을 맞추기 위해 끼워 넣는 활동은 아닐까 걱정도 되었고요. 하지만 아이의 절실함에 '뭐라도 배우겠지' 하는 마음으로 허락했습니다. 그 활동을 통해 아이는 상담이라는 직업의 윤리, 정서적 태도, 그리고 보고서 작성법 등을 조금은 더 구체적으로 이해할 수 있었다고 합니다.

그러나 결국 입시 원서를 정리하며 아이는 이렇게 말했습니다.

"엄마, 진심이 들어간 봉사활동, 리더십, 학교에서 받은 상장들이 결국 제일 도움이 됐던 것 같아요."

실제로 둘째는 이 유료 인턴십과 국내 대학이 주최한 MUN(모의 유엔)에 참여하기도 했지만 그것들이 입시에서 진정한 강점으로 작용하지는 않았습니다. 이유는 명확했어요. 그 활동에는 아이의 이야기와 시간, 진정성이 깊게 담기지 못했기 때문입니다. 겉으로는 그럴듯해 보여도 누구나 할 수 있는, 돈이 개입된 활동은 결국 '내 것'이 되기 어렵습니다. 반면 작고 평범해 보여도 마음을 담아 오래 이어온 활동은 그 자체로 진짜 이야기가 됩니다.

온라인 고등학교여서
좋았습니다

고등학교 시기는 입시를 본격적으로 준비하는 아주 중요한 시기입니다. 12년 교육과정의 마지막 관문이기도 하지요. 그래서 많은 부모가 "더 좋은 교육 환경은 없을까?" 하고 고민하며 고등학교 과정의 다양한 선택지를 탐색하게 됩니다. 미국의 온라인 스쿨은 저희가 경험한 고등학교뿐만이 아니라 유치원부터 고등학교까지 모든 과정을 온라인으로 이수할 수 있는 시스템입니다. 이 중에서 저희는 고등학교 과정을 온라인 고등학교로 선택한 거죠.

그럼 고등학교 과정을 온라인으로 이수하면 어떤 점이 좋을까요?

'온라인으로 공부한다'고 하면 처음에는 걱정이 앞섭니다. '혼자서 잘 해낼 수 있을까?', '집에서 듣는 수업이 효과가 있을까?' 같은 의문은 저 역시 떨칠 수 없었어요. 온라인 수업이라 하면 화면만 바라보며 외롭게 공부하는 모습이 떠오르고, 사회성과 학업 역량이 떨어지지는 않을까 걱정도 되죠.

하지만 실제로 온라인 고등학교 과정을 4년간 충실히 이수하는 아이를 보면서 생각이 완전히 달라졌습니다. 전통적인 오프라인 학교에도 분명 장점이 있지만, 그 못지않게 온라인 고등학교만이 제공할 수 있는 학습적 장점도 분명히 존재했습니다. 오히려 어떤 면에서는 더 깊이 있고, 아이가 더 적합한 방식으로 성장할 수 있는 환경이라는 생각이 들었습니다. 다음은 실제로 저희 아이가 온라인 고등학교를 통해 경험한 주요한 학습적 이점들입니다.

자기주도학습 역량이 눈에 띄게 자랍니다

온라인 고등학교에서는 종이 울려 수업에 들어가고 선생님이 바로 옆에서 숙제를 챙겨주는 일은 없습니다. 모든 수업과 과제, 시험 준비까지 학생 스스로가 계획하고 책임지는 구조입니다. 처음엔 아이도 저도 당황하고 걱정했지만, 시간이 지날수록 자기주도적인 학습 역량이 확연히 자라나는 모습을 볼 수 있었습니다. 매주 어떤 수업을 듣고 어떤 과제를 제출해야 하는지를 스스로 계획하고 실천하는 과정은 그 자체가 강력한 훈련이었습니다. 물론 처음에는 러닝 코치인 제가 개입해서 K12 시스템을 통해 함께 체크했지요. 하지만 한두 달이 지나자 금방 적응했고, 제가 크게 개입하지 않아도 데드라인을 넘기는 일은 없었습니다. 이런 것이 사회까지 지속되는 자기주도가 아닐까 싶습니다. 고등학교 시절에 이런 습관을 갖춘다는 건 단순히 입시뿐만 아니라 대학 생활, 나아가 성인이 되어 직면할 다양한 상황에서도 큰 자산이 되리라 확신하게 됐습니다.

AP 시험에 유리했던 개별화 학습

온라인 수업의 또 다른 큰 장점은 자신의 속도에 맞춘 학습이 가능하다는 점입니다. 이해가 잘 되는 부분은 빠르게 진도를 나갈 수 있고, 어려운 부분은 반복해서 보며 충분히 익힐 수 있습니다. 녹화 강의를 여러 번 듣고 복습하며 필요한 자료를 찾아보는 과정을 통해 아이는 '내가 주도하는 학습'을 경험하게 되었지요.

특히 이런 점은 매년 5월에 실시되는 AP 시험 준비에 아주 큰 도움이 되었습니다. 일반 고등학교에서는 학사 일정에 맞춰 교사가 정해진 진도를 끌고 가지만, 온라인 고등학교에서는 학생 스스로 일정 조율이 가능합니다. 예를 들어 저희 아이는 2학기 진도를 3월 말까지 모두 마친 후, 4월 한 달 동안은 AP 과목 복습과 문제 풀이에 집중했습니다. 만약 정규 진도를 따라가기만 했다면 시험 준비 기간이 턱없이 부족했을 거예요.

무리한 선행학습을 막기 위해 방학 중에는 수업을 들을 수 없도록 시스템이 차단됩니다. 수업 속도를 너무 앞서 나가는 것은 어렵지만 그 안에서 얼마간의 조율은 가능했습니다. 그 결과 AP 시험에서도 좋은 성적을 거둘 수 있었고, 시험을 준비하는 과정 자체가 대학 학문을 준비하는 데 큰 밑거름이 되었습니다.

이처럼 온라인 고등학교는 단지 수업을 '비대면'으로 듣는 형태의 교육이 아니라, 아이가 학습의 주체로 성장하는 기회를 제공하는 교육입니다. 특히 유연한 학습 설계는 자기주도성을 더욱 견고하게 하는 밑거름이 되었죠.

시간은 금, 집중력은 힘! 불필요한 감정 소모 NO!

고등학교 시기는 입시를 위해 공부할 것이 가장 많은 시기입니다. 이 시기의 '시간'은 그야말로 금과도 같지요. 하루하루가 대학 입시로 이어지는 중요한 준비의 연속이기에, 그 시간을 어떻게 쓰느냐가 성패를 가를 수도 있습니다. 그런 점에서 온라인 고등학교는 시간 활용 면에서 탁월한 장점이 있습니다. 일반 학교에서는 통학 시간, 쉬는 시간, 점심시간, 종례 시간 등 수업 외에도 많은 시간이 필요합니다. 물론 그 시간은 아이에게 꼭 필요한 휴식이 되기도 하지만, 학업에만 집중할 시기에는 '비효율적인 시간 소모'로 느껴지기도 합니다.

온라인 수업에서는 이런 비효율의 시간을 최소화할 수 있습니다. 수업은 정해진 시간에 딱 집중해서 진행되고, 그 외 시간은 아이의 컨디션과 리듬에 맞춰 자유롭게 활용할 수 있어 학습 효율이 훨씬 높았습니다. 조용한 방이나 도서관에서 자신에게 맞는 속도로 강의를 듣고, 필요한 부분은 녹화 강의를 반복해서 복습할 수 있는 환경은 집중력 향상에 아주 큰 도움이 되었지요.

게다가 뜻밖의 장점도 있었습니다. 바로 무의미한 경쟁이나 비교에서 자유롭다는 점입니다.

첫째가 싱가포르에서 국제학교를 다닐 때는 공부 외에도 신경 써야 하는 부분이 많았습니다. 특히 대입을 앞두곤 다들 불안하고 예민해져서, 일부 한국 아이들에게서 나오는 말들이 서로에게 상처가 되기도 했습니다.

첫째는 어릴 때부터 책 읽기를 좋아해서 다양한 분야의 독서를 즐겼는데 그러다 역사에 흥미를 느껴 고등학교 때 역사 전공을 진로로 선택했습니다. 저희는 아이 스스로 원하는 공부를 해야 한다고 믿었기에 그 선택을 존중했지만 주변 친구들은 끊임없이 훈수를 두기 시작했습니다.

"나는 재외국민 특례로 SKY 공대를 가서 S 전자 입사해 고액 연봉 받을 건데, 넌 역사 전공해서 뭐 해먹고 살려고 해?"

"우리 엄마가 여자는 약대 가는 게 최고래. 역사 전공은 쓸 데 없다는데 너는 왜 하냐?"

이런 말들을 반복해 들으면서 첫째는 상처를 받았습니다. 그렇잖아도 이미 힘든 IB 과정에서 공부 부담도 만만치 않은데 이런 불필요한 감정 소모까지 겪어야 했으니까요. 그런 친구는 상대하지 말라고 말은 했지만, 매일 같은 교실에서 얼굴을 마주하는 상황은 큰 스트레스였습니다. 마음 편히 진로를 고민하고 준비하기보다 '내가 잘못된 길을 가고 있는 건 아닐까' 하는 의심에 시달려야 했던 겁니다.

반면 둘째는 온라인 고등학교를 다니면서 전혀 다른 분위기를 경험했습니다. 함께 공부하는 친구들은 서로의 선택을 존중해주었고, 전공이나 진로에 대해 비판이나 비교보다는 응원과 관심을 보내주는 분위기였습니다. 다양한 배경을 가진 학생들이 모인 만큼 전공과 진로도 다양했고, 그 차이를 받아들이고 서로의 선택을 존중하는 태도가 자연스러웠습니다. 이런 환경 덕분에 아이는 학업에 더욱 집중하고, 감정 소모 없이 차분히 준비해 나갈 수 있었습니다. 시간의 질,

관계의 질 모두가 학습의 효율성과 안정감에 큰 영향을 준다는 것을 다시 한 번 깨닫게 되었지요.

교사와의 밀착 소통, 1:1 피드백의 힘

온라인 고등학교라고 하면 학부모들이 제일 먼저 걱정하는 것이 바로 '교사와의 소통'입니다. 직접 얼굴을 마주하지 않고 어떻게 제대로 가르칠 수 있을까, 그냥 강의만 듣고 끝나는 건 아닐까 하는 불안이 들 수밖에 없지요. 저도 처음엔 똑같은 고민을 했습니다. 화면 너머의 선생님이 우리 아이를 잘 알 수 있을까? 아이가 질문이 있을 때 즉시 도움을 받을 수 있을까? 과제를 내도 피드백이 형식적이지 않을까? 하고요.

하지만 실제로 경험해보니 온라인 고등학교에서 교사와 학생의 관계는 오히려 더 밀도 있고 세심하게 관리된다는 것을 느낄 수 있었습니다. 오프라인 학교는 한 반에 수십 명이 모여 있다 보니, 아무리 좋은 선생님이라도 모든 아이에게 맞춤형 지도를 하기엔 한계가 있습니다. 그에 비해 미국 온라인 고등학교는 매주 선생님과의 정기적인 1:1 미팅은 물론 이메일, 스카이프 채팅, 화상 회의 등 다양한 방식으로 질문하고 소통할 수 있는 통로가 열려 있습니다. 특히 수업 중 이해가 어려운 부분은 '헬프 데스크'라는 실시간 질문 세션을 통해 질문하면 즉시 답변받을 수 있었고, 과제나 시험에서의 의문 사항은 교사로부터 개인 맞춤형 피드백을 제공받았습니다.

예를 들어 AP Calculus 수업 초반에 어려움을 겪었을 때도, 단지 맞았는지 틀렸는지만 보는 것이 아니라 왜 이 부분에서 막히는지, 어떤 개념이 부족한지를 분석해서 설명해주는 선생님의 피드백이 큰 힘이 되었습니다. 그래서 처음엔 포기하고 싶던 과목도 점점 자신감을 갖고 도전하게 되었고, 결국 학기 말에 A+로 마무리되며 자존감 회복의 계기가 되었습니다.

또한 온라인 고등학교 교사들은 단순한 지식 전달자이기보다는 아이의 학습 여정을 함께 걷는 코치이자 조력자라는 인상을 받았습니다. '이 아이가 어디서 힘들어하는지, 어떤 분야에 관심이 있는지, 학업 외적으로 무슨 고민이 있는지'를 파악하려는 노력에 아이도 정서적으로 안정을 느끼고 신뢰를 쌓을 수 있었습니다.

온라인 환경에서 아이는 결코 혼자가 아니었습니다. 오히려 '나를 진심으로 봐주는 어른이 있다'는 믿음은 학습 동기뿐만 아니라 입시 준비에도 긍정적인 영향을 미쳤습니다.

어디서든 수업이 가능한 유연성

온라인 고등학교의 가장 큰 장점 중 하나는 바로 시간과 장소에 구애받지 않고 수업을 들을 수 있는 유연성입니다. 몸이 아파서 집에서 쉬어야 할 때도, 갑작스러운 가족 행사가 생겼을 때도, 심지어 여행 중일 때조차 인터넷만 연결되어 있다면 학습은 계속됩니다. 실제로 미국에서는 골프, 발레, 악기 연주 등 예체능 활동으로 전국을 오가는 학생들이 일정 조율의 어려움 때문에 온라인 고등학교를 선택하는 경우가 많습니다. 학업과 개인 활동을 조화롭게 병행할 수 있다는 점에서 온라인 고등학교는 자기 시간 관리가 중요한 학생에게 정말 실용적인 선택지입니다.

일반 학교에서는 조퇴나 결석 시엔 수업 내용을 따라잡기 위해 노트를 빌리거나 보충 수업을 요청하는 번거로운 과정이 필요하죠. 하지만 온라인 고등학교는 강의가 모두 녹화되어 있고 과제 제출 마감도 정당한 사유가 있으면 연기가 가능하므로 학습과 생활을 자연스럽게 연계할 수 있습니다.

우리 가족도 이 유연성의 진가를 실감한 적이 있습니다. 코로나 팬데믹 시기에 대학에 진학한 첫째는 온라인으로 입학식을 치렀습니다. 당시 싱가포르에 거주하는 학생의 가족은 입학식 현장에 참석할 수 있었지만 한국에 있는 저희는 그러지 못했지요. 가족 없이 홀로 치른 입학식을 두고두고 아쉬워한 아이에게 졸업식은 반드시 온 가족이 참석하겠다고 약속했습니다. 그 졸업식 날짜가 다가왔을 때 이번엔 기꺼이 싱가포르까지 날아가기로 했지만, 문제는 그 시기가 하필 둘째가 11학년 2학기 AP 시험과 마지막 프로젝트, 과제들을 마무리해야 하는 학사 일정 중 가장 바쁜 시기였다는 거예요.

일반 학교에 다니고 있었다면 졸업식 참석은 거의 불가능했을 겁니다. 출석 문제가 생기고, 수업을 빠지면 진도에서 밀릴 수밖에 없으니까요. 하지만 온라인 고등학교였기에 해결책을 찾을 수 있었습니다. 둘째는 노트북과 와이파이만 챙겨갔습니다. 호텔에서 수업에 참여하고, 제출할 과제를 정리하고, 필요하면 헬프 데스크 시간에 선생님과 온라인으로 상담도 했죠.

온라인 고등학교라는 시스템 덕분에 가족이 다함께 졸업식장을 찾을 수 있었고, 사진도 남기고 눈물도 나누며 의미 있는 추억을 만들었습니다. 학업과 가족, 인생의 중요한 순간을 양자택일하지 않아도 된다는 것, 이것이 바로 온라인 고등학교가 우리 가족에게 준 가장 큰 선물 중 하나였습니다.

'어디서든 배우고 자란다'는 말의 진짜 의미

온라인 고등학교는 단순히 '집에서 비대면으로 공부하는 방식'이 아닙니다. 학습이 삶에 자연스럽게 스며들 수 있도록 돕는, 훨씬 더 유연하고 본질적인 교육 방식이에요. 수업은 더 이상 정해진 교실에서만 이루어지지 않고, 삶의 여정 자체가 배움의 공간이 될 수 있다는 가능성을 저희는 직접 경험할 수 있었습니다.

특히 진로 탐색, 입시 준비, 그리고 가족과의 소중한 시간을 함께 고려해야 하는 고등학생에게 이런 유연성은 정말 큰 힘이 되었어요. 이렇듯 온라인 고등학교는 학습의 깊이, 자유도, 선택권, 자기주도성이라는 면에서 오히려 앞선 구조를 갖추었다고 느꼈습니다. 처음에는 낯설고 불안했지만 지금은 자신 있게 말할 수 있습니다. "정말 잘 선택했다"고요.

아이가 스스로 계획하고 배우며 자신의 속도와 방식에 맞게 성장할 수 있었던 환경. 그것이 바로 온라인 고등학교가 선물해준 가장 큰 가치였습니다.

4장

입시 컨설팅 없이 가보자

더 넓은 가능성을
좇아서

책을 이쯤까지 읽어온 분이라면 이런 의문이 드실지도 모르겠습니다.

"싱가포르 국립대에 가기 위해 미국 온라인 고등학교를 선택했다더니, 뉴욕대 아부다비와 미네르바 대학교에 합격했다고?"

네, 맞습니다. 둘째 아이는 처음부터 '언니처럼 싱가포르 국립대에 진학하겠다'는 생각이었고, 그 목표를 이루기 위한 발판으로 미국 온라인 고등학교에 진학했습니다. 미국 온라인 고등학교는 비대면 수업 방식이라는 점만 다를 뿐, 커리큘럼 자체는 미국 본토의 고등학교와 동일합니다. 수업을 가르치는 교사 대부분은 미국인이며, 친구들도 미국 현지 학생들이 다수입니다. 자연스럽게 학교 커리큘럼은 미국 대학 진학을 염두에 두고 설계되어 있으며, 대학 상담 및 진로 지도 역시 미국 대학 위주로 이루어지죠.

하지만 처음부터 우리 가족의 선택지에 미국 대학은 없었습니다. 흔히 말하는 '아이비리그'는 물론이고 미국 내 대학 어느 곳도 목표로 삼지 않았어요. 이유는 분명했습니다.

첫째, 미국 대학의 학비는 매우 높습니다. 특히 유학생 신분으로 미국 대학에 진학할 경우, 연간 학비와 생활비가 억 단위로 들어가는 경우가 대부분입니다.

둘째, 졸업 후 취업의 문이 그리 넓지 않습니다. 시민권이나 영주권이 없으면 아무리 실력이 뛰어나도 미국에서 직장을 구하는 데 큰 제약이 따릅니다.

셋째, 무엇보다 중요한 이유는 아이가 미국에 대해 갖고 있는 정서적 불안감이었습니다. 둘째는 미국 땅을 한 번도 밟아본 적이 없었어요. 뉴스나 친구들 이야기로 접하는 미국의 총기 사건 소식도 아이에게는 공포로 다가왔습니다. 실제로 온라인 고등학교 친구들로부터 "미국 학교에서는 총기 난사 사고에 대비한 훈련을 정기적으로 받는다"는 이야기를 듣고는 단호히 말했습니다.

"나는 미국 대학엔 절대 가지 않을래."

총기 사고가 학교에서 벌어질 수 있다는 현실은 한국이나 싱가포르 같은 안정적인 사회에서 자란 아이에게는 쉽게 받아들여지지 않는 공포였습니다.

그에 비해 싱가포르는 유년 시절을 보낸 익숙한 나라였고, 무엇보다 안전하고 쾌적하며 국제적인 교육 환경이 잘 갖춰져 있는 곳입니다. 아이에게 싱가포르는 막연한 동경이 아닌, 현실적으로 '갈 수 있는 가능성'이 보이는 나라였기에 자연스럽게 그곳의 국립대학을 목표로 삼게 된 것이죠.

하지만 싱가포르 국립대 입시는 결코 쉬운 도전이 아니었습니다. 입시 기준과 합격 점수가 명확히 공개되지 않고, 국제학생에 대한 입시 결과 정보도 많지 않거든요. 게다가 입시 결과는 무려 7월 중순 이후, 즉 AP 시험이나 IB 파이널 성적이 발표된 후에야 확인할 수 있습니다. 다시 말해 6월 졸업 이후 몇 달을 불확실한 상태로 기다려야 합니다.

만약 싱가포르 국립대에만 올인했다가 불합격하면, 그때는 이미 대부분의 해외 대학 지원 일정이 끝난 시점이라 사실상 재수 외에는 방법이 없습니다. 물론 호주처럼 2월에 입학하는 국가도 있지만 입시 전형 자체가 다르고, 급히 준비하기에는 부족한 점이 많아 고민이 컸습니다. (부록4. 해외 대학 입시 일정표 참조)

미국 대학을 지원하게 된 이유

둘째는 온라인 고등학교에 다니는 내내 학교 선생님과 입시 상담을 할 때마다 이렇게 말하곤 했습니다.

"저는 싱가포르 국립대에 갈 거예요."

처음에는 미국 대학 위주로 추천을 해주던 선생님들도 아이가 워낙 확고하니 점차 싱가포르 대학 입시에 맞춰 조언을 바꾸어 주셨습니다. 하지만 온라인 고등학교 생활이 익숙해지고 스스로 입시 정보를 찾아보는 과정에서 아이는 흥미로운 사실을 발견했습니다.

"미국 대학은 지원을 한 번만 하는 게 아니라 얼리early 와 레귤러 regular 등 여러 시기에 나눠서 할 수 있네?"

게다가 대부분의 미국 대학은 12월~1월 사이에 원서를 마감하고 3월~4월이면 결과를 알 수 있습니다. 심지어 얼리 디시전Early Decision이나 얼리 액션Early Action으로 지원할 경우에는 12월 초에 합격 여부를 알 수도 있어요. 이 말은 곧 싱가포르 국립대보다 6~7개월이나 빨리 한 군데라도 대학 합격 여부를 확인할 수 있다는 뜻입니다. 결국 주어진 기회를 다 이용해보기로 마음을 바꾸었습니다.

"미국 대학 입시를 준비하는 과정 자체가 오히려 싱가포르 국립대 입시를 위한 연습이 될지도 몰라. 커먼앱이나 에세이, 추천서, 활동 리스트 같은 것들을 정리하면서 내 이야기를 제대로 정리할 수 있잖아."

결국 '미국 대학 진학'을 목표로 지원한 것이 아니라 '싱가포르 국립대를 더 잘 준비하기 위한 전략적 선택'으로 미국 대학에도 문을 두드린 겁니다. 합격이 너무 어려운 곳이라 큰 기대 없이 지원했고, 예상치 못한 결과들이 기다리고 있을 줄은 몰랐지만요.

물론 아이는 매 순간 진심을 다해 준비했습니다. 온라인 어드미션 세션을 통해 학교 관계자와 소통하면서 뉴욕대 아부다비와 미네르바 대학교 모두 너무 욕심이 났기 때문입니다. 최선을 다한 결과, 뉴욕대 아부다비에서는 거액의 장학금과 함께 진심 어린 환영의 메시지가 날아왔고, 미래형 혁신 대학으로 주목받는 미네르바 대학교 역시 장학금과 합격의 영광을 가져다주었습니다.

이렇게 둘째의 입시 여정은 시작과 결말이 달랐지만 그 변화의 중심에는 '진심'과 '전략'이 함께했습니다.

커먼앱에서
에세이까지

첫째 아이의 해외 대학 입시를 치러보긴 했지만, 미국 대학은 처음이었습니다. 그래서인지 막연한 두려움이 있었어요.

"미국 대학은 원서를 대학마다 다 써야 하나요?"

미국 대학 입시를 준비하면서 가장 당황스러운 부분 중 하나가 '원서 시스템'이었습니다. 한국의 대학처럼 수능 성적을 중심으로 한 정량적 평가가 아니라 자기소개서(에세이), 활동 기록, 추천서, 성적표, 표준화 시험(SAT, AP 등) 이 모든 걸 종합적으로 본다는 게 처음엔 막막하게 느껴졌습니다.

미국 대학 입시에서 가장 많이 사용되는 원서 플랫폼이 바로 커먼앱Common Application입니다. 하나의 통합 원서로 여러 대학에 동시에 지원할 수 있는 시스템으로, 미국 내 약 1,000개 이상의 대학이 이 커먼앱을 통해 원서를 받습니다. 쉽게 말하면 '공통 원서 플랫폼'인 셈이죠.

커먼앱은 단순히 정보를 입력하는 곳이 아니었습니다. 학생이 어떤 사람인지, 어떤 가치관을 가지고 있는지, 어떤 활동을 해왔는지…… 이 모든 걸 엮어서 '한 편의 이야기'로 만들어내는 과정이었어요. 따라서 커먼앱을 잘 준비한다는 것은 단순히 스펙을 나열하는 게 아니라 아이의 진짜 모습과 성장 과정을 구조적으로 풀어내는 작업이었습니다.

솔직히 말하면, 시기적으로 좋은 기회라고 생각해 지원을 권했지만 '커먼앱'이 뭔지 모르니 저도 아이만큼 막막했습니다. 다행히 온라인 고등학교에서 친절하게 안내해주어서 큰 어려움은 없었어요.

입시를 마치고 돌아보니, 커먼앱 준비는 '우리 아이가 누구인지, 그동안 어떤 길을 걸어왔고, 왜 이 대학에서 공부하고 싶어 하는지를 한 편의 이야기로 보여주는 것'이라고 생각하면 될 것 같습니다.

부모 입장에서는 '에세이는 어떻게 써야 하나요?', '어떤 활동을 적어야 하나요?', '몇 개 대학까지 지원할 수 있나요?' 같은 실질적인 궁금증이 생기게 마련입니다. 지금부터 그런 실질적인 궁금증들을 하나씩 풀어보려고 합니다.

미국 대학 원서, 커먼앱의 에세이란?

커먼앱을 알게 되자마자 '에세이가 정말 중요하다'는 말이 떠올랐습니다. 첫째 입시를 준비할 때였는데, 싱가포르에 거주하는 한국 학부모를 대상으로 미국 대학 전문 컨설팅 업체가 세미나를 연 적이 있었어요. 그때 세미나 내용의 대부분이 '에세이 작성법'이었습니다. 지금도 그 업체 이름을 들으면 가장 먼저 '에세이'가 떠오를 정도로 인상 깊었습니다.

저는 제대로 알고 준비하고 싶었습니다. 그래서 먼저 '미국 대학 입시에서 어떤 종류의 에세이를 써야 하는지'부터 차근차근 정리해 보았습니다. 가장 핵심은 Personal Essay, 흔히 Common App Essay라고 부르는 에세이입니다. 두 용어는 동일한 것으로 커먼앱 플랫폼에서는 공식적으로 'Personal Essay'라는 명칭을 사용합니다. 이것은 커먼앱을 통해 지원하는 거의 모든 대학에서 요구하는 공통 에세이로, 한 번만 작성하면 모든 학교에 함께 제출됩니다.

6~7개 정도의 주제(또는 자유 주제) 중에서 하나를 골라 최대 650단어 이내로 작성하는데, 주제는 매년 조금씩 바뀌지만 본질은 크게 다르지 않습니다. 예를 들면 이런 질문들이 주어집니다.

- 당신을 형성한 중요한 경험은 무엇인가요?
- 실패나 도전의 경험을 어떻게 극복했나요?
- 가치관이나 믿음이 시험받았던 순간은 언제였나요?
- 당신만의 독특한 배경이나 정체성을 소개해보세요.

이처럼 다양한 주제가 있지만 결국 모든 질문은 하나로 모아집니다. "당신은 어떤 사람입니까?"

어떤 주제를 고르든, 결국 학생은 그 안에서 자신을 드러내는 이야기를 풀어내게 됩니다. 무엇을 선택했느냐보다 중요한 것은 그 주제를 통해 어떤 '진짜 이야기'를 꺼내느냐입니다.

좋은 에세이는 어떤 공통점을 가질까요?

여러 영상과 블로그, 실제 합격 사례들을 분석하면서 발견한 몇 가지 기준이 있습니다. '너무 당연한 이야기 아닌가?' 싶으실 수도 있지만, 정작 글을 쓸 때는 이 기본을 지키는 것이 가장 어렵습니다.

- 나만이 쓸 수 있는 고유한 경험이 담겨 있어야 합니다.
- 그 경험을 통해 무엇을 느끼고 어떻게 성장했는지가 드러나야 합니다.
- 단순한 사건 나열이 아니라 내면의 변화가 느껴지는 이야기여야 합니다.

예를 들어 책을 좋아하던 아이가 동네 도서관에서 자원봉사를 하며 '사람과 책을 연결하는 기쁨'을 발견한 이야기, 혹은 큰 실수를 한 뒤 가족과의 대화를 통해 다시 용기를 낸 경험, 이런 소재들은 특별해 보이지 않을 수 있어요. 하지만 진심 어린 성찰이 담겨 있다면 입학사정관의 마음을 움직일 수 있습니다. 이야기의 '규모'보다는 '진정성'이 훨씬 중요한 거죠.

물론 조심해야 할 점도 있습니다. 예를 들어 '미국에서 한국인으로 살면서 느낀 혼란'이나 '문화적 충돌' 같은 주제는 너무 흔해요. 미국 대학은 다양한 배경을 가진 학생들을 매년 수천 명씩 만납니다. 다문화적 혼란과 정체성 탐색은 미국 내 이민자 가정 학생들에게도 흔한 경험이라, 더 이상 신선한 주제가 되기 어렵습니다.

커먼앱의 기본 구조

구분	항목 이름	설명
1	Profile(프로필)	학생의 이름, 주소, 언어, 인종, 시민권 등 기본적인 개인 정보
2	Family(가족 정보)	부모의 직업, 교육 수준, 형제자매 등 가족 배경
3	Education(학력)	다녔던 학교, 성적 시스템, GPA, 고교 활동 등
4	Testing(시험)	SAT, ACT, TOEFL, AP 등 표준화 시험 성적 입력
5	Activities(활동)	과외활동, 동아리, 리더십, 자원봉사, 인턴 등 최대 10개 기재 가능
6	Writing(에세이)	공통 에세이(Common App Essay) 1편 (650자 이내) + 대학별 개별 에세이 (Supplemental Essay)
7	Courses & Grades (필요한 대학만)	고등학교 성적의 세부 과목과 점수 입력
8	Recommenders & FERPA	추천서 작성자 입력, 추천서 요청 발송, FERPA 등의 절차 포함
9	College-specific Questions	각 대학이 요구하는 개별 문항 (전공 선택, 학교 관련 질문 등)
10	Review & Submit	지원서 제출 전 전체 점검 및 전송 과정

그래서 에세이를 쓸 때는 '내가 하고 싶은 이야기'만 생각할 게 아니라 '이 이야기를 읽는 입학사정관은 어떻게 받아들일까?'도 함께 고민해야 합니다. 에세이는 단순히 잘 쓴 글이 아니라 나라는 사람을 소개하는 '진짜 이야기'입니다. 그 진정성에서 모든 것이 시작됩니다.

에세이를 잘 쓰기 위한 구조

미국 입시에서 에세이는 논술문이 아니라 내가 어떤 사람인지 소개하는 이야기입니다. 형식적이거나 딱딱하게 시작하면 읽는 사람의 관심이 금방 식어버립니다. 입학사정관들은 수천 편의 에세이를 읽어야 하기 때문에, 첫 몇 줄만 봐도 '이 글을 끝까지 읽을지 말지'를 결정한다고 합니다. 그래서 도입부에 Hook(독자를 끌어당기는 요소)을 넣는 게 중요하다고 강조하는 컨설팅 업체도 많습니다. 결국 '읽고 싶은 이야기'가 강한 인상을 남긴다는 것이죠.

에세이의 기본적인 3단 구조는 다음과 같습니다.

Hook(도입) 인상적인 문장이나 장면으로 시작해서 독자의 시선을 끌어당깁니다.
예: 나는 그날 우체국 앞에서 두 시간을 울었다. (사연의 시작)
Body(전개) 구체적인 사건, 갈등, 감정 변화, 깨달은 점 등을 보여줍니다. 시간 순서대로 써도 좋고, 특정 장면을 중심으로 풀어가도 좋습니다.
Reflection(성찰과 마무리) 이 경험이 나에게 어떤 영향을 줬고, 앞으로 어떤 사람으로 성장하고 싶은지를 진솔하게 마무리합니다.

전문용어를 늘어놓거나 화려한 문장력을 뽐내는 것보다 이야기의 자연스러운 흐름과 진실한 감정이 훨씬 중요합니다. 꼭 '대단한 일'을 쓸 필요는 없습니다. 작고 소박한 일상에서도 큰 울림이 나올 수 있습니다. 우리 아이들은 모두 매우 소박하고 개인적인 경험을 에세이 주제로 정했습니다. 에세이는 자서전이 아니라 '한 장면'입니다. 내가 해온 것들에 대한 자랑의 열거가 아닌, 한 가지 이야기를 깊이 있게 다루는 것이 좋습니다.

엄마가 함께 찾아주는 나만의 이야기

우리 아이만의 특별한 에세이를 제출해야 한다는데 알면 알수록 '에세이'가 가장 막막했습니다.

'도대체 무슨 이야기를 어떻게 써야 하지?'

도통 감을 잡을 수 없었습니다. 그래서 가장 많이 찾아보고 가장 오래 고민했습니다. 다양한 블로그와 유튜브 영상, 입시 전문가들의 글을 참고했지만 결국 하나의 결론에 도달하게 되었습니다. 정답은 없다. 하지만 진짜 이야기를 써야 한다.

입시 에세이에서 가장 중요한 건, 그 아이만이 쓸 수 있는 진정성 있는 이야기여야 한다는 것입니다. 누가 대신 써주는 멋진 문장이 아니라 아이의 마음에서 나온 진짜 경험과 고민, 그리고 그 과정에서 얻은 성장의 흔적이 에세이의 핵심이라는 걸 깨달았지요.

입시가 끝난 후 지인들에게 가장 많이 들은 질문은 두 가지였습니다.

"입시 컨설팅 받았어요?"

"에세이는 어떻게 썼어요?"

그만큼 에세이는 부모에게도, 학생에게도 큰 부담입니다. 인터넷에 떠도는 정보 대부분은 컨설팅 업체들의 광고용 콘텐츠입니다. 물론 그 안에 도움이 되는 팁들도 있지만 결국 '우리에게 맞는 이야기'를 찾는 건 스스로의 몫입니다. 그리고 그 작업에 가장 큰 도움을 줄 수 있는 사람은 다름 아닌 부모님이라고 생각합니다.

부모가 할 수 있는 구체적인 도움은 이런 것들입니다.

"네가 정말 좋아했던 활동은 뭐였지?"

"가장 힘들었던 시기에 너는 어떻게 극복했을까?"

"그때 너 많이 울었잖아. 그 일이 너한테 어떤 의미였던 것 같아?"

이런 질문을 통해 소재를 발굴할 수 있습니다. 그리고 에세이를 완성한 후에는 아이에게 직접 내용을 설명해보라고 하세요. 설명이 자연스럽고 감정이 실린다면 좋은 에세이일 가능성이 높습니다.

솔직히 말하면 저도 처음엔 쉽지 않았습니다.

"너만의 어려움이 뭐야?", "어떻게 극복했니?" 하고 물었을 때 둘째는 "글쎄… 딱히 생각나는 거 없는데?"라며 머뭇거렸습니다.

그래서 제가 제 이야기를 먼저 꺼냈어요.

"엄마는 약 부작용을 갖고 태어났어. 흔한 두통약도 못 먹고 항생제도 조심해야 하지. 그래서 아플 때 힘들지만, 미리 건강관리를 철저히 하면서 살아가는 게 나만의 방법이 됐어."

이야기를 들은 아이는 고개를 끄덕이더니 자신만의 '어려움과 극복 경험'을 하나씩 떠올리기 시작했습니다. 그리고 그 이야기로 진짜 본인다운 에세이를 써내려갔습니다. 이 과정은 마치 마음속 깊은 서랍을 열어 하나씩 꺼내보는 것 같았습니다.

에세이에서 주의할 점

에세이는 아이의 이야기입니다. 주제 선정이나 방향 설정 정도는 도울 수 있지만 글을 대신 써주는 것은 절대 피해야 합니다. 또한 컨설팅 업체에서 제시하는 '신박해 보이는' 주제를 억지로 끼워 맞추는 것도 위험합니다. 그런 주제는 다른 학생들과 겹칠 가능성이 높고, 입학사정관들은 금세 눈치 챕니다. 실제로 '어른이 쓴 에세이'는 문장의 구조나 어휘 선택에서 바로 드러나게 마련입니다.

오히려 조금 투박하더라도 진심이 느껴지는 글, 자기 말로 풀어낸 문장이 더 큰 울림을 줍니다. 종종 아이들끼리 에세이를 서로 돌려보며 피드백을 주고받는데 이 또한 주의가 필요합니다. 자칫 남의 에세이가 더 좋아 보여 무의식적으로 따라 쓸 수도 있기 때문입니다. 화려한 문장이나 독특한 구조보다 더 중요한 건 "이 이야기가 정말 우리 아이의 이야기인가?"라는 질문에 자신 있게 '예'라고 답할 수 있는 진정성입니다.

에세이를 완성한 후에는 학교의 어드바이저나 영어 선생님께 점검받는 것이 좋습니다. 아이가 여러 날 고민하며 써내려간 글을 바탕으로 문법이나 어색한 표현은 없는지, 읽는 사람 입장에서 이해하기 어려운 부분은 없는지 등을 원어민의 시각에서 점검받는 과정은 반드시 필요합니다. 글을 바꾸는 것이 아니라, 진짜 이야기가 더 잘 전달되도록 다듬는 마지막 단계입니다.

Supplemental Essays의 작성

커먼앱의 메인 에세이인 Personal Essay를 모든 대학에 제출했다면 이제는 각 대학별로 요구하는 Supplemental Essays(보충 에세이)를 써야 할 차례입니다. 이 보충 에세이는 각 대학이 '이 학생이 정말 우리 학교에 어울리는가?' 또는 '이 학생이 어떤 학문적, 인간적인 가치를 가지고 있는가?'를 보다 세밀하게 파악하기 위한 질문들로 구성되어 있습니다. 다시 말해 대학은 스펙이 아니라 학생의 동기와 진정성을 궁금해한다는 것이죠.

질문 유형은 대학마다 다양하지만 대표적인 예시는 다음과 같습니다.

- 왜 우리 대학에 지원하나요?
- 당신에게 의미 있는 활동을 설명하세요.
- 당신을 설레게 하는 학문 분야는 무엇인가요?
- 당신은 우리 공동체에 어떤 기여를 할 수 있나요?

이 외에도 학교의 가치관, 공동체 정신, 다양성에 대한 견해 등을 묻는 질문도 자주 등장합니다.

보충 에세이는 단순히 메인 에세이를 보완하기 위한 게 아니라 지원 대학이 학생을 최종 결정하는 데 정말 중요한 판단 기준이 됩니다. 실제로 많은 입학사정관들은 "메인 에세이로는 좋고 나쁨을 가르기 어려울 때, 보충 에세이의 진정성과 디테일을 살펴보면 큰 차이가 난다"고 말합니다. 그러므로 보충 에세이에는 특정 대학에 맞춘 맞춤형 이야기가 필요합니다. 그래서 아이가 그 대학의 어떤 점을 좋아하는지 대화를 나눠보고, 학교마다 다른 분위기와 문화를 함께 조사해보는 게 좋습니다. 형식은 자유롭지만 진정성은 필수입니다. 대학은 '가장 잘 쓴 글'이 아니라 '가장 솔직한 글'에 감동한다는 걸 기억하시기 바랍니다. 비슷한 질문이라도 학교마다 문화와 요구가 다르기 때문에 반드시 각 학교에 맞게 수정해서 작성해야 합니다.

다시 한 번 강조하지만, 에세이는 '잘 쓰는 것'이 아니라 '진짜를 쓰는 것'이 중요합니다.

그리고 그 진짜 이야기를 함께 꺼내줄 수 있는 단 한 사람이 있다면, 저는 부모님이라고 믿습니다. 처음엔 막막하겠지만 아이와 나눈 조용한 대화 한 줄, 따뜻한 관찰 하나가 아이만의 진짜 이야기를 시작하게 해줄 수 있습니다.

추천서, 활동 리스트, 수상경력 정리의 핵심

미국 대학 입시는 '서류'라기보다는 '이야기'에 가깝습니다. 에세이가 아이의 내면을 보여준다면, 추천서와 활동 리스트, 수상경력은 그걸 뒷받침하는 증거들입니다. 이 세 가지를 어떻게 준비해야 하는지, 학부모는 어떤 역할을 할 수 있는지 하나씩 풀어보겠습니다.

① 추천서, 누가 써야 하고 어떻게 요청해야 하나요?

미국 대학 입시에서 추천서는 단순히 "좋은 학생입니다"를 넘어 학생이 어떤 사람인지, 수업 안팎에서 어떻게 행동했는지, 성장 가능성이 얼마나 있는지를 선생님의 시선으로 보여주는 중요한 자료입니다. 그래서 학생들은 추천서를 미리 염두에 두고 평소에 성실하게 생활해야 합니다.

대부분의 미국 대학은 추천서 두 장을 요구합니다. 하나는 담임 역할을 하는 어드바이저Advisor 또는 진학 상담교사Guidance Counselor의 추천서이고, 다른 하나는 과목 담당 교사Subject Teacher의 추천서입니다. 이 두 장이 기본이며 대학에 따라 요구사항이나 추가 제출 여부가 다를 수 있으므로 반드시 각 대학의 입학 안내를 꼼꼼히 확인해야 합니다.

여기서 중요한 점은 어드바이저 추천서는 단 한 사람에게만 받을 수 있다는 것입니다. 이 추천서는 모든 지원 대학에 공통으로 제출되며, 선택의 여지가 없습니다. 반면 과목 교사의 추천서는 전공과 관련 있는 교사에게 받으면 더 좋겠지만 반드시 그래야 할 필요는 없습니다. 예를 들어 경제학 전공을 희망한다면 수학이나 사회 교과 선생님이 어울릴 수 있겠지요. 무엇보다 중요한 건, 그 선생님이 학생을 얼마나 잘 알고 긍정적으로 바라보고 있는가입니다.

추천서를 잘 받으려면 교사와의 관계가 중요합니다. 결국 사람과 사람 사이의 일이기 때문입니다. 아이가 수업에 성실하게 임하고 자신의 열정을 진심으로 표현한다면 선생님도 자연스럽게 그 마음을 알아봐줍니다. 저는 첫째를 통해 이미 경험했고, 둘째의 경우에도 온라인이라는 장벽이 있었지만 진심은 통한다는 사실을 다시 한 번 확인할 수 있었습니다.

온라인 수업이라서 교사와 학생의 관계가 느슨할 거라는 편견이 있을 수 있습니다. 하지만 온라인에서도 아이의 성실함과 책임감, 수업 태도는 분명히 전달됩니다. 결국 추천서는 아이가 어떻게 학습에 임하고 어떤 태도로 사람을 대하는지가 그대로 담기는 기록이기 때문입니다.

가끔 사회생활을 '커피 한 잔 사드리는 것'으로 착각하는 경우를 봅니다. 물론 작은 배려도 소중하지만 진짜 사회생활은 내가 얼마나 진심으로 임하는가, 얼마나 책임감 있고 성실하게 일하는가를 보여주는 과정이라고 생각합니다. 추천서도 다르지 않습니다. 결국 아이의 진심이, 그리고 그 진심을 알아봐주는 선생님의 한 문장이 아이의 가능성을 드러내는 중요한 열쇠가 될 수 있습니다.

② 활동 리스트, 단순 나열이 아닌 '이야기'로 정리하기

커먼앱에는 학생이 고등학교 시절에 참여한 활동을 최대 10개까지 기록할 수 있는 항목이 있습니다. 이 활동 리스트는 단순한 '이력서'가 아니라 아이가 어떤 삶을 살아왔는지를 보여주는 작은 이야기 모음집과도 같습니다. 처음 이 항목을 접하면 "더 많이 써야 좋은 거 아닌가요?" 하고 생각하실 수 있습니다. 하지만 활동의 개수보다는 그 안에 담긴 의미와 진정성이 훨씬 더 중요합니다. 활동의 숫자를

추천서 요청은 이렇게 하세요

과목 성적이 높았다고 해서 무조건 좋은 추천서가 나오는 건 아닙니다. 오히려 성적이 조금 부족하더라도 열정적으로 질문하고 노력한 모습을 기억하는 선생님이 더 인상 깊은 글을 써줄 수 있습니다.

• 언제, 어떻게 요청해야 할까요?
가장 이상적인 시기는 12학년 여름방학 이전, 즉 11학년 말쯤입니다. 그 시기에 선생님들은 비교적 시간 여유가 있고, 여름방학 동안 준비할 수 있기 때문입니다.

• 요청 방법 예시
"선생님, 제가 미국 대학 입시를 준비하는데 추천서가 필요한데요, 선생님께서 제 수업 태도와 학업 스타일을 잘 아실 것 같아 부탁드리고 싶습니다."
(이메일로 요청할 때는 간단한 자기소개와 함께 '언제까지 필요하다'는 마감일도 알려주세요.)
또한 선생님이 참고할 수 있도록 자기소개서 초안, 활동 리스트, 진로 목표 등 도움이 될 만한 자료도 함께 보내드립니다. 일부 학생은 '브래그 시트 Brag Sheet'라고 하여 자신을 정리한 문서를 따로 만들어서 제출하기도 합니다.

• 추천서를 받은 뒤 부모가 챙길 일
추천서를 써주신 선생님께 반드시 감사의 메일을 보내고 합격 여부를 알려드리는 것도 예의입니다.

채우기에 급급해 억지로 활동을 추가하거나 스펙처럼 꾸며내기보다는, 아이가 진심으로 몰입했던 경험들을 중심으로 정리하는 것이 훨씬 좋습니다.

많은 부모님이 이런 걱정을 하십니다. "특별한 대외활동을 하지 않았는데 뭘 써야 하죠?" 하지만 활동은 꼭 '화려한 대회'나 '국제적인 경시대회'일 필요가 없습니다. 오히려 아이의 관심사, 진로 고민, 일상에서의 노력이 잘 드러나는 활동이 더 진정성 있게 다가옵니다. 특히 150자 이내로 요약하는 항목에서는 간결하면서도 임팩트 있게 써야 합니다. 성과를 중심으로 쓰되, '왜 이 활동을 했는지'와 '어떤 결과를 냈는지'를 명확하게 담아내는 것이 중요합니다.

③ 수상 경력, '규모'보다 '의미'를 담아내는 상

미국 대학 입시에서의 수상 경력은 단순히 '얼마나 큰 상을 받았는가'가 중요한 것이 아닙니다. 그 상이 아이의 진로, 열정, 꾸준함과 어떤 관련이 있는지를 보여주는 데 진짜 의미가 있습니다. 저희도 처음엔 걱정했습니다. 학교에서 받은 상장이 대부분이었거든요. 물론 큰 대회에서 우수한 성적으로 수상하면 더없이 좋겠지만, 그렇지 않다고 해서 대학 진학의 문이 닫히는 건 절대 아닙니다. 커먼앱에서는 국제적/전국적/지역적/교내 수준을 구분해서 기재할 수 있는데, 이때 '국제 규모의 상'이 아니더라도 활동과의 연계성이 있다면 충분히 의미 있게 평가됩니다. 아이가 받은 상을 연대기 순으로 정리하면서, 각각이 어떤 활동과 연결되는지 함께 생각해보시기 바랍니다. 사소해 보이는 교내 수상도 아이의 꾸준함과 성장을 보여줄 수 있다면 충분히 가치 있습니다.

커먼앱 관련 Q&A

1. 커먼앱 하나로 몇 개 대학까지 지원할 수 있나요?

최대 20개 대학까지 지원할 수 있습니다. 단, 대학마다 요구하는 보충 에세이와 문항이 다르기 때문에 많은 곳을 지원할 계획이라면 준비 시간과 에너지를 고려해야 합니다.

2. 미국 대학에 원서를 낼 때 꼭 커먼앱을 써야 하나요?

꼭 그런 것은 아닙니다. 미국 대학들은 커먼앱 외에도 Coalition App, 학교 자체 원서 시스템 등을 운영하기도 합니다. 하지만 약 1,000개 이상의 대학이 커먼앱을 채택하고 있어서 지원자의 대부분이 커먼앱을 사용합니다. 미네르바 대학교의 경우는 자체 원서 시스템을 운영하여 온라인으로 입학 테스트까지 실시합니다.

3. 커먼앱 에세이는 몇 글자까지 쓸 수 있나요?

최대 650단어까지 작성할 수 있습니다. 에세이는 아이의 가치관, 성장 과정, 도전 경험 등을 보여주는 중요한 부분이므로 간단한 형식적인 소개보다는 구체적인 사례와 감정이 담긴 이야기를 쓰는 것이 좋습니다.

4. 에세이는 아이 혼자 쓰는 게 좋은가요, 부모가 도와줘도 되나요?

기본적인 구조나 주제를 정리하는 데는 부모의 조언이 큰 도움이 됩니다. 하지만 글 자체는 아이의 언어로, 아이의 목소리로 작성해야 합니다.

5. 커먼앱에 적기 좋은 활동으론 어떤 것이 있나요?

학교 동아리, 리더십 활동, 봉사활동, 인턴십, 개인 프로젝트 등 매우 다양합니다. 중요한 것은 활동의 수준보다는 그 활동이 왜 시작되었고, 어떤 배움과 변화가 있었는지, 그리고 그 경험이 주변이나 자신에게 어떤 '영향impact'을 주었는지를 드러내는 것입니다.

6. 단순한 동아리 활동도 의미 있게 쓸 수 있나요?

네. 단순한 활동이라도 어떤 배움이 있었고, 어떤 영향을 주었는지 구체적으로 설명하면 충분히 인상 깊은 내용이 될 수 있습니다.

7. 추천서는 어떤 선생님께, 언제, 어떻게 요청해야 하나요?

보통 담임선생님과 주요 과목 교사에게 받습니다. 12학년 올라가는 여름방학 전에 요청하는 것이 좋습니다. 학교의 시스템상 추천서 작성 시기가 정해져 있는 경우도 많으니 미리 확인하세요.

8. SAT나 AP 시험 점수는 커먼앱 어디에 입력하나요?

시험 점수는 Test Scores 섹션에 입력하며 대학에 공식 성적표를 보내는 것도 필요합니다. 커먼앱에 입력한 점수와 별개로 시험 주관사인 College Board 등을 통해 성적을 대학으로 전송해야 합니다.

9. 커먼앱에서 대학마다 쓰는 보충 질문 Supplemental Essay은 꼭 써야 하나요?

대부분의 경우 필수입니다. 대학마다 자율 문항 혹은 전공, 학교 특성에 대한 질문이 따로 존재합니다. 지원자가 해당 대학에 진지하게 관심을 갖고 있는지를 평가하는 중요한 항목입니다.

10. 커먼앱 에세이 하나만 잘 쓰면 되나요, 아니면 대학별로 또 써야 하나요?

커먼앱 메인 에세이 외에 대학별로 보충 에세이를 요구하는 경우가 많습니다. 따라서 한 편만 잘 쓰는 것으로 끝나지 않고, 각 대학에 맞춘 추가 준비가 필요합니다. 그렇기에 무조건 지원 대학 수를 늘리는 것보다 꼭 가고 싶은 대학에 정성을 다하는 것을 추천드립니다.

11. 커먼앱 작성 중간에 저장되나요? 실수하면 다시 수정할 수 있나요?

네, 자동 저장 기능이 있으며 제출 전까지는 언제든지 수정할 수 있습니다. 학교생활 중간을 활용해 틈틈이 적고 고민할 수 있습니다. 하지만 제출 후에는 수정이 불가능하니, 제출 전 꼼꼼한 점검이 필요합니다.

12. 무료로 지원할 수 있는 방법(수수료 면제)은 없을까요?

가정 형편에 따라 수수료 면제 Fee Waiver를 신청할 수 있습니다. 커먼앱에서 신청 옵션이 제공되며 학교 카운슬러의 확인이 필요한 경우도 있습니다.

13. 커먼앱은 언제부터 언제까지 준비하는 게 가장 좋을까요?

11학년에서 12학년 올라가는 여름방학까지 초안을 마련하고, 8월 1일에 시스템이 열리면 본격적으로 작성과 수정에 들어가는 것이 이상적입니다. 원서 제출은 전형에 따라 11월(얼리)~1월(레귤러)에 마감됩니다.

14. 커먼앱을 작성할 때 입시 컨설팅 없이도 가능한가요?

충분히 가능합니다. 다만 부모와 함께 자료 정리, 마감 일정 체크, 에세이 피드백 등을 꼼꼼히 준비하는 것이 좋습니다. 수많은 학생이 혼자 또는 가족의 도움만으로 성공적인 지원을 해내고 있습니다.

15. 원서를 보내고 나면 대학 측에서 따로 연락이 오나요? 인터뷰도 있나요?

원서 제출 후 포털 계정 정보가 이메일로 오며, 인터뷰는 대학마다 차이가 있습니다. 미네르바처럼 화상 인터뷰를 필수로 진행할 수도 있고 뉴욕대 아부다비처럼 인터뷰 초청장이 오는 학교도 있습니다. 이때부터 학생은 이메일 체크도 꼼꼼히 해야 합니다.

16. 합격 통보는 어디로, 어떻게 받게 되나요?

각 대학 포털 계정을 통해 확인하거나 이메일로 알림이 오는 경우가 많습니다. 일반적으로 얼리는 12월 중순, 레귤러는 3~4월에 결과가 발표됩니다.

17. 원서는 한 번 제출하면 수정은 불가능한가요?

제출한 원서는 해당 대학에 대해서는 수정이 불가능합니다. 다만 다른 대학에 제출할 커먼앱은 별도로 수정하여 보낼 수 있습니다.

18. 지원 전형(ED, EA, RD)은 어디에 표시하나요?

각 대학의 My Colleges 섹션에서 해당 전형을 선택할 수 있는 옵션이 제공됩니다. 대학마다 선택 가능한 전형이 다르니 주의가 필요합니다.

19. 부모 정보나 재정 상태도 커먼앱에 꼭 적어야 하나요?

학부모 정보는 필수 입력 항목입니다. 학부모 정보에는 출신학교, 직업 등이 포함됩니다. 재정지원 Financial Aid 을 신청하는 경우 추가적인 문서와 정보를 입력해야 하며 CSS Profile 등을 병행해야 할 수도 있습니다.

20. 학생이 직접 입력해야 하나요, 부모가 대신 작성해도 되나요?

계정은 학생 명의로 만들고 모든 정보도 학생이 입력하는 것이 원칙입니다. 부모는 조력자로서 일정과 자료 정리에 도움을 줄 수 있지만 실질적인 입력은 학생이 진행해야 합니다. 함께 확인만 잘해주시면 되니 너무 걱정하지 마세요.

지원 전략 짜기: ED와 EA의 의미

미국 대학 입시에서 가장 혼란스러운 개념 중 하나가 바로 '전형 방식'입니다. 한국에서는 대입 원서를 거의 동시에 제출하고 일괄적으로 합격 여부를 기다리는 반면, 미국은 언제 지원하느냐에 따라 전형이 달라지고 결과도 달라집니다. 특히 자주 등장하는 용어가 ED와 EA인데, 이것은 일반 전형 RD보다 조금 더 이른 시기Early에 지원하는 방식을 의미합니다. 단, 두 방식에는 중요한 차이점이 있습니다.

ED(Early Decision)는 '한 대학에만' 조기 지원할 수 있고, 합격하면 반드시 등록해야 하는 구속력 있는 전형입니다. 말 그대로 "이 대학이 정말 나의 1지망입니다!"를 공식적으로 선언하는 셈이지요. 대학 입장에서도 '우리 대학을 정말로 원하는 학생'이라는 점에서 긍정적으로 평가할 수밖에 없습니다. 둘째의 경우 뉴욕대 아부다비를 ED로 지원했습니다.

EA(Early Action)는 여러 대학에 동시에 지원할 수 있으며, 합격하더라도 반드시 등록할 필요는 없는 비구속 전형입니다. 조금 일찍 결과를 받아볼 수 있지만, 합격하더라도 다른 대학들과 비교하여 선택할 수 있는 여유가 있습니다. 둘째는 미네르바 대학교를 EA로 지원했지요.

RD(Regular Decision)는 우리가 가장 흔히 떠올리는 대학 지원 방식입니다. 보통 1월 1일 전후를 마감일로 하여 원서를 제출하고 3월에서 4월 사이에 합격 결과를 받게 됩니다. EA나 ED보다는 지원 시점이 늦지만, 지원 준비를 충분히 마친 뒤 원서를 낼 수 있다는 점에서 많은 학생들이 안정적인 선택으로 생각합니다.

둘째의 경우 12월에 뉴욕대 아부다비에 ED로 합격 통보를 받았기 때문에 RD로 등록해둔 다른 대학들의 지원서는 커먼앱 시스템

ED, EA, RD 한눈에 비교하기

전형	지원 시기	결과 발표 시기	구속력	지원 개수	특징
ED (Early Decision)	보통 11월 1일 전후	12월 중순	있음(합격 시 등록 필수)	1개만 가능	합격률이 상대적으로 높음
EA (Early Action)	보통 11월 1일 전후	12월 중순	없음	여러 대학 가능	일찍 결과 확인 가능
RD (Regular Decision)	보통 1월 1일	3~4월	없음	제한 없음	준비시간이 가장 많음

을 통해 모두 철회Withdraw하였습니다. ED로 합격하면 약속에 따라 다른 학교 지원은 유지하지 않는 것이 원칙이니까요.

따라서 미국 입시에서는 '전형을 언제, 어떤 방식으로 선택하느냐'가 전략적으로 매우 중요합니다. 특히 아이가 어느 대학에 진심으로 가고 싶은지, 현재까지 입시 준비가 어느 정도 되었는지, 가정의 재정 상황은 어떤지 등을 고려하여 ED, EA, RD를 조합하는 것이 필요합니다.

EA 전형의 전략적 활용법

EA(Early Action)는 ED와 마찬가지로 조기 지원이지만, 합격하더라도 반드시 등록할 필요가 없는 전형입니다. 즉, 미리 결과를 받아볼 수 있으면서도 자유롭게 다른 대학과 비교할 수 있는 전형인 것이죠. 특히 이런 경우에 매우 전략적으로 활용할 수 있습니다. 지망 대학이 2~3곳 이상으로 아직 확정되지 않았을 때, EA로 여러 대학에 지원하면 비교 후 최종 결정을 내릴 수 있어 부담이 적습니다. 입시 준비가 빨리 완료된 경우라면 11월 초 마감일에 맞춰 원서를 제출하면 빠르면 12월에 결과를 받을 수 있으니 입시 스트레스를 크게 줄일 수 있습니다. 그리고 안정적인 '합격 카드'를 확보하고 싶을 때도 유용합니다. EA로 한두 곳에서 합격 통보를 받으면, 이후 RD 전형 준비에도 훨씬 여유가 생깁니다. EA는 지원자 입장에서는 위험 부담 없이 도전할 수 있는 가장 유연한 전형입니다.

게다가 EA 전형 역시 RD보다 합격률이 더 높습니다. ED처럼

극적으로 높지는 않지만, 준비가 되어 있다면 충분히 시도해볼 가치가 있습니다. EA를 운영하는 대학 중에는 MIT, University of Michigan, Georgia Tech, University of Chicago 등 명문대도 많고, 이들은 대부분 Non-Binding(합격해도 등록 의무 없음) 형태로 운영되니 참고하세요. 여기서 한 가지 주의할 점이 있습니다. 일부 대학은 EA라도 'Restrictive' 또는 'Single-Choice'라는 조건이 붙기도 합니다. 예를 들어 스탠퍼드, 예일, 프린스턴 등은 EA로 지원할 경우 다른 대학 EA에는 동시에 지원할 수 없습니다. 이런 조건들은 반드시 각 대학의 입학처 홈페이지에서 확인해야 합니다.

둘째는 EA로 미네르바 대학교를 지원했습니다. 뉴욕대 아부다비가 아니었다면 미네르바를 ED로 지원했을 정도로 둘 다 너무 가고 싶어 한 학교였습니다. 이미 입시 준비는 다 되어 있었고, ED 합격을 보장받은 것도 아니니 EA를 활용하지 않을 이유가 없었죠. 아이가 11월까지 충분히 준비되었다면, EA로 '합격의 감'을 미리 경험하게 해주는 것도 좋은 선택이 될 수 있습니다.

RD 전형의 의미와 전략

RD(Regular Decision)는 미국 대학 입시에서 가장 일반적인 전형입니다. 대부분의 학생이 이 시기에 원서를 제출하고, 대학도 가장 많은 지원서를 이 시점에 받습니다. RD 전형의 마감일은 보통 1월 1일 또는 1월 중순이며, 합격 결과는 3월 중순~4월 초 사이에 발표됩니다. 입학 여부를 최종 결정하는 등록 마감일은 5월 1일로 정해져 있습니다.

 EA나 ED로 합격한 학생이 등록을 포기하면 그 자리를 RD로 선발하기도 합니다. 상대적으로 경쟁률이 더 치열하지만 선택의 폭이 넓다는 장점이 있습니다. RD는 지원의 기본이지만 마지막 기회이기도 합니다. EA나 ED에서 원하는 결과를 얻지 못했을 경우, RD에서 다시 진지하게 준비할 수 있습니다. 또한 EA나 ED와 달리 전략적으로 다양한 대학에 중복 지원할 수 있기 때문에 아이의 상황에 맞는 대학을 폭넓게 노릴 수 있습니다.

 EA와 ED 모두 합격했을 때, 선택은 어떻게 하나요?

 둘째는 Early 지원에서 EA와 ED 각각 한 곳씩, 두 학교 모두에서 합격 소식을 받았습니다. RD로도 여러 대학을 준비해두었지만, 사실 가장 가고 싶은 학교들에서 합격 통보를 받았기에 기쁜 마음 한편으로 오히려 마음이 복잡해졌습니다.

 솔직히 말하면 이런 결과는 전혀 예상하지 못했습니다. Early 지원이 일반적으로 합격률이 조금 더 높다고는 하지만, 둘째가 지원한 두 학교의 합격률은 각각 1퍼센트와 2퍼센트에 불과한 극강의 경쟁률을 가진 대학이었거든요. 그래서 저희는 오히려 둘 다 떨어질 가능성을 더 염두에 두고 있었습니다. 그런데 그 어려운 문을 동시에 통과해버렸으니, 너무 감사한 일이었지만 동시에 쉽지 않은 선택의 시간이 시작되었습니다.

 특히 ED는 '합격하면 반드시 등록해야 하는' 구속력이 있는 제도입니다. 대부분의 경우라면 고민할 필요 없이 ED로 합격한 학교로 진학을 확정하는 것이 자연스러운 흐름입니다. 하지만 EA로 합격한 학교 역시 간절히 바라던 곳이었고, 두 학교 모두 각기 다른 매력을 가지고 있었기에 쉽게 결정할 수 없었습니다.

게다가 ED라 하더라도 재정 지원이 충분하지 않을 경우에는 등록을 포기할 수 있다는 예외 조항이 있기에, 실제로 등록 결정일까지 두 학교를 놓고 깊은 고민을 이어갔습니다. 단순히 어디에 갈 것인가의 문제가 아니라 어디에서 더 성장할 수 있을까, 어떤 환경에서 더 오래 행복할 수 있을까를 판단해야 했던 것이지요. 오히려 그 고민의 시간이, 아이에게는 스스로 미래를 설계해보는 아주 귀중한 훈련이었다고 생각합니다.

행운은 때로 축복만이 아니라 책임을 동반한 선택을 요구하기도 합니다. 하지만 그렇게 깊이 고민하고 방향을 정하고 결정을 내리는 그 모든 과정이야말로 진짜 성장의 시간이 아니었을까요.

뉴욕대학교 아부다비
vs. 미네르바 대학교

처음부터 저희는 싱가포르 국립대를 향해 미국 온라인 고등학교라는 새로운 여정을 시작했습니다. 하지만 앞에서 언급했듯이 싱가포르 입시보다 훨씬 일찍 시작되는 미국 대학 입시를 준비하면서, 미국 대학에 먼저 지원해보자는 전략이 자연스럽게 세워졌습니다. 여기서 가장 먼저 부딪힌 고민은 바로 '미국 대학이라면 어디로 지원해야 할까?'였습니다.

이 고민의 핵심에는 '안전'이라는 단어가 자리하고 있었습니다. 둘째는 줄곧 말해왔습니다.

"엄마, 나는 미국엔 별로 가고 싶지 않아."

"미국도 사람 사는 곳이야. 뉴스에 나오는 사건들이 전부는 아니야. 왜 다들 미국을 가고 싶어 하겠어? 단점보다 장점이 많은 곳이야"라고 아무리 설명해도 총기 사건에 대한 불안감은 떨치지 못했습니다. 특히 정기적으로 총기 난사 대비 훈련을 하는 실제 영상을 본 후에는 그 불안이 더 깊어진 것 같았습니다. 더욱이 ED 전형은 합격하면 다른 학교 지원을 포기해야 하는 '구속력 있는 선택'이기에 신중할 수밖에 없었습니다. 아무리 좋은 대학이라도 실제로 가서 생활하고 공부할 사람은 결국 본인이니까요.

"최종 선택은 아이가 해야 한다."

이것이 일관된 저의 원칙이었습니다.

저희 가정은 미국 대학을 보낼 만큼 상황이 여유롭지는 않습니다. 사실 미국 대학에도 정말 훌륭한 학교들이 많지만 유학생에게는 등록금과 생활비 부담이 너무 컸습니다. 세계적으로 알려진 아이비리그조차 시민권자나 영주권자가 아니면 졸업 후 미국 내 취업의 벽도 높습니다. 이 모든 걸 감안했을 때 "무리해서 미국 대학을 목표로 할 이유가 없다"는 결론에 이르기도 했습니다. 그래서 미국 대학을 선택하더라도 기준은 명확했습니다.

- 총기 사고의 위험이 낮고, 생활이 안전한 곳일 것.
- 국제학생에게도 충분한 재정보조를 제공할 것.

이 두 가지 조건에 부합하지 않는다면 아무리 좋은 학교라도 선택지에서 제외했습니다. 이런 상황에서 문득 떠오른 학교들이 있었습니다.

첫 번째는 뉴욕대학교 아부다비 캠퍼스 NYU Abu Dhabi입니다. 수년 전 남편 회사 동료의 자녀가 진학했다는 이야기를 들은 기억이 있었고, 막연하게 '안전하면서도 세계적인 교육을 받을 수 있는 곳'이라는 인상이 남아 있었습니다. 그리고 또 하나는 여러 매체에서 혁신적인 교육 모델로 주목받고 있던 미네르바 대학교Minerva University 였습니다.

미네르바는 1학년 첫해를 샌프란시스코에서 보내야 해서 미국 생활이 포함되긴 했지만, 무엇보다 '진짜 가능성은 희박하니 도전만 해보자'는 마음이었습니다. 실제로 미네르바는 합격률이 1퍼센트도 채 되지 않는 초경쟁 대학이었기에 둘째가 정말 합격할 거라고 기대하진 않았습니다. 솔직히 말씀드리면 그 지원은 '도전'이지 '계획'은 아니었습니다. 하지만 언제나 그렇듯 인생은 계획대로만 흘러가지 않잖아요. 그 뜻밖의 결과가 우리의 진로를 새롭게 이끌었습니다.

왜 뉴욕대 아부다비를 최우선으로 고려했는가?

"뉴욕대 아부다비에 합격했어요."

이렇게 말하면 열에 아홉은 되묻습니다.

"아니, 뉴욕대가 뉴욕에 있는 거 아니에요?"

"아부다비면 그거 중동 아니에요? 거기 위험하지 않나요?"

이런 반응은 이제는 익숙해졌습니다.

뉴욕대 아부다비는 뉴욕대학교NYU의 글로벌 캠퍼스 중 하나로, 아랍에미리트의 수도 아부다비에 위치한 정규 학위 과정 대학입니다. 뉴욕대 본교 커리큘럼과 수준 높은 미국식 교육을 안전하고 체계적으로 설계된 국제도시 아부다비에서 그대로 누릴 수 있다는 점이 큰 장점입니다. 무엇보다 인상 깊었던 것은 전 세계에서 모인 학생들에게 입학 성적과 가능성을 기준으로 매우 적극적으로 장학금을 지원한다는 점이었습니다.

또한 이 학교의 우수성을 보여주는 사례가 있습니다. 바로 '로즈 장학금Rhodes Scholarship'입니다. 세계에서 가장 오래되고 권위 있는 국제 장학 프로그램으로, 매년 극소수의 뛰어난 학생들에게만 주어지는 이 장학금을 뉴욕대 아부다비 졸업생이 꾸준히 수상하고 있다는 사실은 매우 인상적입니다. 이는 학업 성적뿐만 아니라 리더십, 공공성, 국제적 소양을 고루 갖춘 인재를 길러내는 학교라는 강력한 증거이며, 그만큼 학생 개개인의 잠재력을 세계적 수준으로 끌어올릴 수 있는 환경이 갖춰져 있다는 뜻이기도 합니다.

'중동'이라는 지역적 이미지에 막연한 걱정을 하는 분들도 계시지만, 아부다비는 아랍에미리트UAE의 수도로서 매우 안정적이고 현대적인 도시입니다. 한국인에게 친숙한 두바이 못지않게 국제적이고 세련된 환경을 갖추고 있지요. 사실 예전에 항공사 승무원으로 근무하던 시절, 비행으로 두바이를 자주 오갔습니다. 그 경험 덕분에 중동에 대한 불안보다는 실제로 체감한 안전하고 쾌적한 도시의 이미지가 남아 있었고 그 기억은 뉴욕대 아부다비에 대한 신뢰로 이어졌습니다.

둘째도 여행 중 잠시 두바이를 방문한 적이 있었습니다. 짧은 시간이었지만 사막을 직접 걸어보고 도시의 풍경을 눈에 담았던 그 경험이 중동이라는 낯설고 막연했던 이미지를 조금은 친근하게 바뀌놓았던 것 같습니다. 무엇보다 뉴욕대 아부다비에 본격적으로 관심을 갖게 된 계기는 온라인으로 진행되는 어드미션 세션이었습니다. 그 자리에서 학교 관계자에게 궁금한 점을 직접 질문하고 학교의 가치와 교육 방향을 자세히 들으며 스스로 '내가 진짜 가고 싶은 학교'라는 마음을 갖게 되었지요.

이처럼 단순한 정보나 성적만으로 결정된 것이 아니라 경험과 탐색, 그리고 진심 어린 소통의 과정을 통해 아이가 스스로 선택한 학교라는 점이 저에게도 매우 의미 있게 느껴졌습니다.

뉴욕대 아부다비는 미국 뉴욕대학교의 글로벌 캠퍼스 중 하나지만 입학 기준은 매우 엄격하고, 입학이 허가된 학생에게는 관대하고 실질적인 장학 혜택을 제공합니다. 예전에는 전액 장학금의 사례가 많았다는데 현재는 그 정도로 장학금 혜택이 유지되지는 않았습니다. 장학금에 관해서는 뒤에서 자세히 이야기하겠습니다.

둘째는 전액 장학금은 아니지만 4년간 등록금의 약 75퍼센트를 주겠다는 오퍼를 받았습니다. 더 놀라운 점은 입학 당시의 가정 소득이나 조건에 따라 지원을 결정하는 'Need-Blind' 원칙을 지키고 있다는 사실입니다. 학업 능력뿐 아니라 가정의 상황까지 고려해주는 대학이라는 점에서 큰 신뢰를 얻었습니다.

아이가 뉴욕대 아부다비에 끌렸던 가장 큰 이유 중 하나는 전 세계에서 선발된 학생들이 모여 하나의 공동체를 이루며 배우고 성장한다는 점이었습니다. 입학한 신입생들의 국적 수는 보통 90개국 이상입니다. 다양한 문화적 배경을 가진 학생들이 함께 기숙사 생활을 하며 수업뿐 아니라 일상의 경험까지 서로 공유합니다. 이런 국적의 다양성은 토론 중심의 수업, 팀 프로젝트, 그리고 글로벌 이슈에 대한 다양한 시각의 교차를 통해 끊임없이 서로에게 배우고 도전받는 환경을 만들어냅니다.

여기에 더해 리버럴 아츠Liberal Arts 교육 철학을 기반으로 운영된다는 점도 큰 매력이었습니다. 특정 전공에만 국한되지 않고 인문학, 사회과학, 자연과학, 예술 등 다양한 분야를 탐색하며 스스로의 진로와 사고의 깊이를 확장할 수 있는 교육 환경을 둘째는 원하고 있었거든요. 다양성 속에서 자신을 찾고 더 넓은 세상으로 나아갈 준비를 할 수 있는 곳이라는 점에서 뉴욕대 아부다비는 아이에게 가장 특별하고 설레는 선택지였습니다.

뉴욕대 아부다비만의 특별한 커리큘럼 Study Away Program과 J-Term

뉴욕대 아부다비는 아부다비에만 머무는 학교가 아닙니다. 뉴욕대의 전 세계 캠퍼스들과 연계된 Study Away Program을 통해 뉴욕, 런던, 베를린, 상하이, 부에노스아이레스, 피렌체, 텔아비브 등 다양한 도시에서 한 학기 또는 1년간 공부할 수 있는 기회를 갖습니다. 또한 1월에는 J-Term(January Term)이라 하여 집중 단기 수업을 듣거나, 특정 국가에서 현장 중심의 프로젝트를 수행하는 기회도 제공됩니다. 이러한 프로그램은 단지 여행처럼 스쳐 지나가는 경험이 아니라 글로벌 시민으로서의 역량과 삶의 시야를 확장해주는 특별한 커리큘럼의 일부입니다.

Candidate Weekend, 뉴욕대 아부다비만의 특별한 초대

뉴욕대학교 아부다비의 입시 과정에서 가장 독특하고 인상 깊었던 순간 중 하나는 단연 Candidate Weekend였습니다. 단순히 서류만으로 학생을 평가하지 않고 지원자의 인성과 태도, 잠재력, 공동체 적합성까지 직접 확인하려는 학교의 철학이 그대로 담긴 전형이었지요.

이 프로그램은 최종 합격 직전에 초청되는 단계로, 에세이, 추천서, 성적, 활동 등 1차 서류 심사를 통과한 우수한 학생들만 참여할 수 있습니다. 그 자체로 '합격 가능성이 높은 학생'이라는 의미였기에 초청을 받았다는 것만으로도 우리 가족 모두에게 큰 격려가 되었습니다.

Candidate Weekend는 단순한 인터뷰나 설명회 수준이 아닙니다. 전 세계에서 모인 후보생들이 함께 아부다비 캠퍼스를 방문해 직접 학교를 경험합니다. 비행기 티켓, 호텔, 식사까지 학교에서 제공하는 전폭적인 지원은 단지 '평가의 기회'가 아니라 '미래의 가족으로서 환영받고 있다는 느낌'을 주기에 충분했습니다.

프로그램에 참여한 아이는 실제로 듣고 싶은 수업을 미리 선택해 뉴욕대 아부다비의 교수들과 함께 토론 중심의 수업을 체험할 수 있었습니다. 다양한 문화적 배경을 지닌 친구들과 토론 활동을 함께 하며 교육의 깊이와 공동체의 힘을 피부로 느꼈다고 하더군요. 그리고 정말 똑똑한 친구들이 많았다고 감탄했습니다. 물론 입시 전형의 일환이기에 개별 인터뷰와 학교 자체 시험도 함께 진행되었습니다.

아이는 시험은 그렇게 어렵지 않았고 인터뷰는 매우 떨렸지만 준비한 대로 침착하게 한 것 같다며 만족하였습니다.

저녁에는 사막에서 열린 친목 시간도 있었는데 세계 각지에서 온 친구들과 진솔한 이야기를 나누며 금세 가까워졌다고 합니다. 그중 러시아에서 온 친구는 몇 달 뒤 한국을 여행하며 우리집까지 방문했을 정도로 깊은 인연을 맺게 되었습니다. 이 경험은 입시 그 자체를 넘어 아이 인생의 소중한 장면으로 남게 되었지요.

이렇게 귀한 시간을 보내고 돌아온 둘째는 "정말 이 학교에 가고 싶어"라며 더욱 간절한 마음을 드러냈습니다. 홀로 10시간이 넘는 비행을 마다하지 않고 다녀온 아이의 눈빛과 목소리에서, 이 학교가 단순히 '합격한 대학'이 아니라 진심으로 가고 싶은 배움의 공간이 되었음을 느낄 수 있었습니다. 그곳이 어떤 미래를 펼쳐줄지는 알 수 없지만, 이 학교라면 아이가 스스로 선택하고 책임질 수 있겠구나 싶은 안도감이 들었습니다.

또 다른 매혹, 미네르바 대학교

뉴욕대 아부다비 외에도 시선을 끌었던 학교는 바로 미네르바 대학교입니다. 처음 이 학교에 대해 알게 된 건 우연한 기사 한 편이었습니다. '전통 캠퍼스 없는 혁신 대학', '세계 1퍼센트 학생만 선발하는 신개념 고등교육 모델'이라는 문구가 눈에 띄었지요. 처음엔 조금 낯설고, 심지어 너무 실험적인 건 아닐까 하는 의심도 들었습니다. 하지만 알아갈수록 이 학교가 추구하는 교육 철학과 방식, 그리고 학생을 성장시키는 환경이 기존 대학과는 정말 다르다는 걸 알게 되었습니다.

진로를 정할 때 어떤 사람이 되고 싶냐는 질문에 아이는 "엄마, 나는 온라인으로 일하면서 전 세계를 경험하는 그런 일을 하고 싶어"라고 대답했습니다. 그래서 제가 제안했습니다.

"엄마가 얼마 전에 알게 된 학교인데 그런 대학교가 있더라고. 미네르바 대학교라고, 한번 검색하고 알아볼래?"

이렇게 해서 도전이 시작되었습니다. 아이는 곧바로 미네르바 대학교 홈페이지에 회원 가입을 하고 온라인으로 진행되는 입학 설명회를 신청해 참여하였죠.

미네르바 대학교는 미국 샌프란시스코에 본부를 두고 있지만 전통적인 교정을 가진 캠퍼스는 없습니다. 1학년은 샌프란시스코에서 시작하지만, 이후 매 학기마다 독일 베를린, 아르헨티나 부에노스아이레스, 인도 하이데라바드, 한국 서울, 영국 런던 등 세계 7개 도시를 순회하며 배우는 구조입니다. 학생들은 여행하는 것이 아니라 그 도시에서 살아가며 지역 사회와 연결된 프로젝트, 현장 기반 학습을 병행합니다. 이런 글로벌 순환형 교육 모델은 전통적인 강의 중심 교육이 아니라 학생이 직접 사고하고 토론하고 문제를 해결하는 구조로 이루어집니다. 모든 수업은 실시간 토론 기반의 온라인 플랫폼에서 소수 정예로 진행되고, 학생 개개인의 참여도와 사고의 깊이가 철저히 평가의 기준이 됩니다.

이런 교육 방식을 접한 아이는 말했습니다.

"세계 7개 도시에 살아보고, 거기서 배우고, 일하고……. 이건 진짜 살아 있는 공부 같아."

무엇보다도 인상 깊었던 건, 이 학교는 입학 자체도 어렵지만 정말 뛰어난 학생들에게는 입학 후 장학금이나 재정 지원을 매우 적극적으로 해준다는 점이었습니다. 합격률은 1퍼센트 내외로 매우 낮지만, 그만큼 학교의 교육 방향과 학생의 가치가 맞는다면 국적이나 배경에 관계없이 열린 기회를 제공합니다.

처음엔 '될 리가 없잖아'라는 마음으로 도전했지만, 막상 준비를 시작하자 둘째는 점점 이 학교에 빠져들었습니다. 그리고 마침내 그 좁은 문을 통과해 최종 합격 통보를 받아냅니다.

미네르바 대학교, 부모도 함께한 입시의 순간

미네르바 대학교의 입시 과정 중 가장 이례적이면서 인상 깊었던 순간을 꼽으라면, 단연 학부모가 함께 참여한 화상 인터뷰입니다.

처음 이메일로 인터뷰 안내를 받았을 때, 아이만이 아닌 '학부모와 함께 참여하는 세션이 있다'는 문구를 보고는 적잖이 놀랐습니다. 대부분의 대학 입시는 아이가 혼자 준비하고 부모는 멀찍이 떨어져 지켜보는 구조였으니까요. 그런데 미네르바는 달랐습니다. 이 학교는 부모를 단순히 '학생의 배경 정보'로 보는 것이 아니라 학생의 성장과 가치관을 함께 지켜봐온 동반자로 진심으로 존중하고 있다는 인상을 주었습니다.

화상 인터뷰 당일 저희는 긴장 반, 설렘 반의 마음으로 노트북 앞에 앉았습니다. 동양인 입학사정관이 화면에 등장하며 밝게 인사를 건넸고, 인터뷰는 딱딱하지 않고 매우 자연스럽고 편안한 분위기에서 진행되었습니다. 특히 인상 깊었던 점은 모국어가 영어가 아닌 학부모를 배려해 학생을 통해 통역도 가능하다는 안내를 친절하게 해주었다는 것입니다.

아이에게는 '미네르바에서 어떤 배움을 기대하는지', '자신이 왜 이 학교와 잘 맞는다고 생각하는지' 등 학생으로서의 계획과 열정을 묻는 질문들이 주어졌고, 저에게는 미네르바를 어떻게 알게 되었는지, 아이를 어떤 시선으로 바라보고 있는지에 대해 가벼운 대화가 이어졌습니다.

오히려 제가 학교에 대해 궁금했던 점들을 질문할 수 있는 시간이 주어지기도 했습니다. 인터뷰의 분위기는 '평가'보다는 '대화'에 가까웠습니다. 학교가 학생은 물론 가족 전체를 하나의 공동체로 바라보고 있다는 철학이 자연스럽게 느껴졌습니다.

짧은 시간이었지만 이 인터뷰를 통해 미네르바는 형식적인 절차를 넘어 진심을 나누는 학교라는 확신이 들었습니다. 미네르바를 더 많이 알게 될수록 더 가고 싶은 학교가 되었습니다. 입시는 흔히 치열한 경쟁의 장이라고들 하지만, 미네르바에서의 경험은 달랐습니다. 이해와 공감, 진심이 우선되는 과정이었고, 학교와 학생, 부모가 하나의 공동체처럼 연결되어 있다는 느낌이 참 따뜻하게 다가왔습니다.

선택의 순간, 그리고 새로운 시작

두 대학의 합격 통지를 받고 난 뒤, 우리 가족은 생애 가장 행복한 고민에 빠졌습니다. 세계 7개 도시를 순회하며 살아 있는 배움을 추구하는 미네르바, 그리고 90개국 이상의 친구들과 함께 안전하고 체계적인 환경에서 성장할 수 있는 뉴욕대 아부다비. 어느 쪽을 선택해도 후회 없을 만큼 특별한 기회가 주어졌으니까요.

며칠 밤을 뜬눈으로 지새우며 고민하던 아이는 어느 날 아침, 조용히 제게 다가왔습니다.

"엄마, 나 결정했어. 뉴욕대 아부다비로 갈래."

그 순간 아이의 눈빛에서 확신을 읽을 수 있었습니다. Candidate Weekend에서 직접 경험한 따뜻한 공동체의 품, 사막에서 나눈 진솔한 대화들, 무엇보다 그곳에서 만난 친구들과 함께 꿈꾼 미래가 아이의 마음을 움직인 것 같았습니다. 미네르바의 혁신적인 교육 방식도 매력적이었지만, 아부다비라는 안전한 터전에서 전 세계의 친구들과 함께 뿌리를 내리고 성장하고 싶다는 아이의 바람을 저는 충분히 이해할 수 있었습니다.

"잘 생각했어. 네가 진심으로 원하는 곳이라면, 그곳이 바로 최고의 선택이야."

합격의 기쁨도, 선택의 무게도 잠시였습니다. 정답은 없었고, 오직 아이가 걸어갈 길만이 있을 뿐이었어요. 싱가포르를 꿈꾸며 시작한 여정이 아부다비라는 뜻밖의 목적지로 이어졌지만, 그 모든 과정이 아이를 더 단단하고 넓은 사람으로 만들어주었다고 믿습니다.

이제 아이는 사막의 도시에서 새로운 꿈을 펼칠 준비를 하고 있습니다. 친구들과 함께 배우고, 토론하고, 성장하며, 언젠가는 더 큰 세상으로 나아갈 것입니다. 그 첫걸음을 시작한 아이의 선택을, 저는 온 마음으로 응원합니다.

입시 컨설팅 없이도
여기까지 왔습니다

　　　　　첫째의 대학 입시를 준비하던 몇 해 전, 누군가에게 '입시 컨설팅이 왜 필요한가요?'라는 순진한 질문을 한 적이 있습니다. 그때 돌아온 대답이 아직도 기억에 남습니다.

　"미국 대학 입시를 몰라서 그렇지, 미국 대학은 컨설팅이 필요한 입시예요."

　이후로 줄곧 그 말이 사실인 줄로만 알았습니다. 미국 대학은 원래 컨설팅을 받아야 갈 수 있는 구조인가 보다 하고 생각했습니다. 몇 년이 지나 점점 현실을 마주하게 되었습니다. 이제는 입시 컨설팅이라는 단어가 낯설지 않은 시대가 되었죠. 미국 대학뿐만 아니라 해외 대학 전반, 심지어 국내 대학 입시에서도 컨설팅 업체의 광고와 정보들이 넘쳐납니다. 그러다 보니 학부모들은 정보 부족에 대한 불안과 비용 부담의 압박에서 고민할 수밖에 없습니다.

　"이제 고3인데, 마지막이니까 한 번이라도 전문가의 손을 빌려야 하지 않을까?"

"남들은 다 받는다는데 우리만 안 해도 괜찮을까?"

그런 마음, 백 번 이해합니다. 누구보다 아이의 미래를 걱정하고, 무엇이든 해주고 싶은 게 부모의 마음이니까요.

하지만 수천만 원의 컨설팅 비용을 아무렇지 않게 감당할 수 있는 가정은 많지 않습니다. 컨설팅을 받는다고 반드시 원하는 학교에 가는 것도 아니고요. 오히려 고액의 컨설팅을 받고도 실패한 사례는 의외로 많습니다. 결코 컨설팅을 폄하하고자 하는 이야기가 아니라, 입시 성공의 핵심은 '아이의 진정성'과 '부모와의 긴밀한 소통'이라는 점을 강조하고 싶어 드리는 말씀입니다.

저희 아이들은 입시 컨설팅을 받은 적이 없습니다. 그렇다고 뭔가 특별한 전략을 세워서 준비한 것도 아닙니다. 다만 아이와 오랜 시간 진지하게 이야기하고, 무엇을 좋아하는지, 어떤 환경에서 배우고 싶은지를 함께 고민했습니다. 그리고 그 마음을 바탕으로 목표 대학들을 직접 찾아보고, 입학처 홈페이지에 들어가 설명회 신청도 하고, 에세이 주제를 함께 고민하고, 활동들을 차근차근 정리해 나갔습니다. 시간이 걸렸고 시행착오도 있었지만, 아이가 자기 힘으로 생각하고 준비해온 과정이었습니다.

그리고 그 결과로 뉴욕대학교 아부다비와 미네르바 대학교라는, 극소수만 합격하는 대학에게서 입학 허가를 받아냈습니다.

"아이비리그도 아닌데 대단한가요?"라고 물으실지도 모르겠습니다.

하지만 저는 그렇게 생각하지 않습니다. 입시에서 중요한 것은 아이에게 가장 잘 맞는 학교를 찾고, 그 학교가 찾는 사람으로 성장하는 것이라고 믿습니다. 이 두 학교는 제 아이에게 꼭 맞는 배움의 공간이었고, 오직 '아이의 진심'에서 출발했기 때문에 그 선택과 결과는 저희에게 더없이 소중합니다.

지금까지의 경험을 통해 이 메시지를 꼭 전하고 싶습니다.

"입시 컨설팅 없이도 가능합니다. 부모와 아이가 함께 고민하고 충분히 준비하면 누구나 원하는 대학에 도전할 수 있습니다."

단지 우리 집만의 이야기가 아닙니다. 실제로 컨설팅 없이 합격한 학생들, 부모와 아이가 함께 노력한 사례는 주변에 꽤 많습니다.

얼마 전 지인의 친구 이야기를 들었습니다. 경제적으로 여유가 있는 가정이었고 국제학교 4년 내내 입시 준비를 모두 전문 컨설팅에 맡겼다고 했습니다. 총비용만 무려 수억 원에 달했다고 하더군요. SAT 점수도 낮고, GPA도 기대에 못 미쳤지만 결과적으로는 미국의 명문대 공대에 합격했다는 소식을 들었습니다. 겉으로 보기엔 참 부러운 결과처럼 보였습니다.

그런데 정작 그 부모의 입에서는 이런 말이 먼저 나왔습니다.

"수학, 과학 잘하는 아이들 틈에서 우리 애가 같이 공부한다고 생각하니…… 벌써 꼴찌는 예약한 느낌이에요."

그 말을 듣는 순간, 마음이 편치 않았습니다. '돈이 많아서 좋겠다'라는 생각보다 '그 아이는 지금 행복할까?'라는 질문이 먼저 떠올랐기 때문이에요.

그 가정이 그렇게 부유한 집이 아니었다면 아이는 오히려 자기의 실력과 관심에 맞는 대학을 찾아 자신의 속도에 맞춰 공부하며 진심으로 원하는 미래를 그렸을지도 모릅니다. 부모로서 아이에게 좋은 길을 열어주고 싶은 마음, 누구나 똑같지요. 그러나 때로는 '좋아 보이는 길'이 꼭 '그 아이에게 맞는 길'이 아닐 수 있습니다. 입시라는 과정이 아이의 미래는 뒤로하고 결과와 간판만을 좇게 되는 순간, 우리는 무언가 중요한 것을 놓치고 있는지도 모르겠습니다.

그래서 저는 이것이 과연 '축하할 일'이기만 한지, 아이의 입장에서 다시 생각해보게 되었습니다. 진짜 중요한 건 어느 대학에 갔느냐보다 그곳에서 내 아이가 '얼마나 자기 삶을 살아가고 있느냐'가 아닐까요?

입시를 시작하는 학부모님들께 부탁드리고 싶습니다. 입시 컨설팅 업체를 검색하기 전에 아이와 충분히 대화해주세요. 함께 앉아 가고 싶은 학교들을 이야기해보고, 그 학교가 어떤 사람을 원하는지 함께 찾아보시길 바랍니다. 그리고 가능하다면 9학년, 10학년부터 대학교의 홈페이지에 들어가 설명회에 신청하고, 이메일로 질문도 해보는 경험을 쌓게 해주세요. 그렇게 하나씩 경험해 나가다 보면 아이는 스스로 자신의 목표와 진로, 대학과 전공을 주도적으로 생각하게 됩니다.

대학은 컨설팅을 통해 '완성된 답안지 같은 학생'을 원하는 것이 아닙니다. 서툴지만 스스로 생각하고 방향을 정하며 성장해온 학생, 오히려 그런 학생에게 더 마음이 끌립니다. 아이에게 진정한 자립과 자기주도성을 가르치는 여정은 부모와 함께 시작할 수 있습니다. 그리고 그것만으로도 충분히, 아이는 자신의 길을 만들어낼 수 있습니다. 진심으로 원한 길이라면, 부모가 옆에서 함께 고민해주는 것만으로도 이미 큰 힘이 됩니다.

길게 보면 대학 입시는 단지 시작일 뿐입니다. 그보다 더 긴 여정은 대학 이후에 펼쳐질 아이의 삶이지요. 실제로 아이는 대학 입시라는 과정을 직접 겪어보면서 성장합니다. 이 금쪽같은 기회를 결과만 중시하여 컨설팅에 넘기시겠어요? 삶의 시작을 '입시 컨설팅의 도움'이 아닌 '진정성'이라는 단단한 기반 위에 올려주는 것. 그것이 우리가 부모로서 해줄 수 있는 가장 큰 선물일지 모릅니다.

컨설팅이 아닌 아이의 이야기로 이룬 합격. 이 글을 읽고 계신 누군가의 용기 있는 시작이 되길 진심으로 바랍니다. 부디 아이와 함께 나누는 대화 속에서 진실한 미래가 열리기를 응원합니다.

5장

미국 대학, 돈 없이도 가능한가요?

국제학생도 가능한
미국의 재정보조 정책

"미국 대학, 한 해에 몇 천만 원에서 억까지 든다는데…… 우리는 안 되겠지?"

많은 부모님이 '비용' 때문에 미국 대학 진학을 일찌감치 포기합니다. 저도 그랬습니다. 둘째의 대학 입시 리스트에 미국 대학을 포함시키기 전까지는요.

2022년 어느 날 우연히 한 영상을 보게 되었습니다. 바로 2024년 톨스토이 문학상을 수상하며 이름을 알린 《작은 땅의 야수들》의 저자 김주혜 작가가 서울여자대학교에서 강연한 영상이었습니다. 가난한 이민자 가정에서 자란 그녀는 국제학생 신분으로 미국 고등학교를 다니며 대학 학비에 대한 막막함을 안고 있었습니다.

그런 그녀가 어느 날 입시 설명회에 온 펜실베이니아 대학교 University of Pennsylvania(유펜)의 입학 담당자에게 자신의 상황을 털어놓고 유펜에 진학하고 싶다고 말했답니다. 그런데 그 담당자의 대답이 예상 밖이었습니다.

"유펜은 국제학생에게 재정보조를 제공하지 않습니다. 하지만 프린스턴은 가능합니다. 거기를 도전해보세요."

김주혜 작가는 그 조언을 새기고 프린스턴 대학교에 가기 위해 정말 열심히 공부했습니다. 결국 합격했고 국제학생임에도 재정보조를 받아 졸업까지 마쳤습니다. 그 이야기를 들으며 두 가지 중요한 사실을 알게 되었죠.

첫째, 국제학생도 대학에 따라 재정보조를 받을 수 있다는 것.
둘째, 대학마다 국제학생에 대한 재정보조 정책이 다르다는 것.

그날 이후 '둘째와 맞는 대학'을 찾을 때 반드시 해당 대학의 'Financial Aid Policies for International Applicants' 즉 국제학생을 위한 재정지원 정책을 세심하게 살펴보기 시작했습니다.

'국제학생에게도 장학금을 준다'는 사실을 처음 접했을 땐 저 역시 반신반의했습니다. 하지만 조사해보니 재정적으로 어려운 국제학생들에게 아낌없이 손을 내미는 대학이 실제로 많았습니다.

이 장에서는 실제로 재정지원을 통해 대학에 합격한 경험을 부모의 시선으로 담담하게 풀어보려 합니다. "정말 가능할까?" 망설이는 분들께 이 이야기가 작은 희망이 되길 바랍니다.

Need-blind vs. Need-aware

미국 대학의 재정보조 정책은 미국 학생은 물론 국제학생에게도 학비의 부담을 덜어주는 훌륭한 제도입니다. 하지만 이 방면에 경험이 있는 분들은 이렇게 질문합니다.

"장학금 신청이 입학 결정에 어떤 영향을 미치나요?"

바로 이 질문이 훨씬 중요합니다.

주변을 보면 미국 대학을 알아보다가 높은 학비와 현지 물가, 끝없이 오르는 환율 때문에 아예 마음을 접은 분들이 적지 않습니다. 그럴 때 저는 이렇게 여쭤봅니다.

"혹시 재정보조 신청은 해보셨나요?"

그러면 대부분 이렇게 말씀하세요.

"그걸 신청하면 합격에 불이익이 있을까 봐서요……."

정말 그럴까요?

결론부터 말씀드리면 대학마다 다릅니다. 그래서 미국 대학 입시에서 꼭 알아야 할 개념이 바로 Need-blind와 Need-aware입니다. 우리 아이가 지원하려는 학교가 어떤 정책을 갖고 있는지를 미리 아는 것이 중요합니다. 이때, 단순히 장학금을 주는가보다 더 중요한 건 '그 장학금 신청이 입학 결과에 어떤 영향을 미치는가'입니다.

국제학생에게는 어떤 기준이 적용될까요?

여기서 중요한 것은 Need-blind는 대부분 미국 시민권자나 영주권자에게만 적용되는 경우가 많다는 것입니다. 대부분 대학의 공식 입장은 미국 내 학생에게는 Need-blind, 국제학생은 Need-aware를 적용합니다. 또는 아예 모든 학생에게 Need-aware를 적용하는

> - Need-blind란?
>
> 말 그대로 '학생이 장학금을 신청하든 말든 입학 사정에는 영향을 주지 않는다'는 의미입니다. 즉 학생이 재정 지원이 필요하다고 밝히더라도, 학교는 학업 역량과 잠재력만을 기준으로 입학을 판단합니다. 합격이 결정된 후에야 학교가 학생의 재정 상황을 검토하고 필요한 장학금을 제공합니다.
>
> - Need-aware란?
>
> 반면 Need-aware는 '입학 사정에서 학생의 재정 상황도 함께 고려한다'는 방식입니다. 지원자의 모든 조건이 우수하더라도 해당 대학의 예산이나 다른 장학금 신청자 수에 따라 장학금을 주기 어렵다고 판단되면 입학 자체가 불리해질 수 있습니다.
>
> 한마디로 정리하면 이렇습니다.
> Need-blind: 입학 먼저, 장학금은 나중에 따로 결정
> Need-aware: 입학과 장학금을 함께 판단

사례도 많았습니다. 오히려 아주 일부 최상위권 대학만이 국제학생에게도 Need-blind 정책을 적용하고 있었습니다.

예를 들어 프린스턴 대학교는 국제학생에게도 Need-blind 정책을 적용하며 하버드, 예일, 앰허스트 같은 소수의 학교도 비슷한 정책을 운영합니다. 하지만 대부분의 대학은 국제학생에게는 Need-aware입니다. 즉 국제학생이 장학금을 신청하면 입학 자체가 더 까다로워질 수도 있다는 것, 반대로 말하면 장학금을 신청하지 않으면 합격 가능성이 조금 올라갈 수 있다는 뜻입니다.

하지만 현실적으로 수천에서 수억 원의 학비를 감당할 수 없다면 용기 내어 당당히 장학금을 신청해야 합니다. 일부 학교는 Need-aware이더라도 지원자의 재정 상황을 고려하여, 감동적인 배경과 성취를 인정해 오히려 장학금을 주면서 입학시키는 경우도 있습니다. 하지만 저희 둘째는 특출한 학생이 아니었기에 그럴 만한 자신감이 없었습니다. 그래서 'Financial Aid Policies for International Applicants'와 함께 Need-blind를 확인하며 신중하게 대학 리스트를 만들어 나가게 되었습니다.

장학금 신청 실전 가이드
CSS Profile

미국 대학의 재정보조에 관한 정보도 처음엔 대부분 업체들의 광고를 통해 접했습니다. 그들의 이야기는 하나같이 "9학년 때부터 가정의 자산이나 소득을 미리 관리해야 한다"는 식이었고, 때로는 꼼수에 가까운 방법들을 제시하기도 했습니다. 어떤 유학원은 서류를 대신 준비해준다며 별도의 수수료를 요구했는데 그렇게 형성된 시스템은 낯설고도 불편하게 느껴졌습니다.

굳이 그런 방식으로 아이의 양심까지 속여가며 장학금을 받고 싶지는 않았습니다. 여력도 없었고, 무엇보다 마음이 내키지 않았습니다. 그래서 선택한 방법은 그저 정면 돌파였습니다.

"해보자. 안 되면 그뿐이지."

그런 심정으로 국제학생이 장학금을 신청할 때 사용하는 공식 플랫폼인 CSS Profile 사이트에 직접 들어가 하나하나 알아가기 시작했습니다.

미국 대학에 재정보조 need-based financial aid 를 신청하려면 반드시 가족의 경제 상황을 증명하는 서류를 제출해야 합니다. 여기에는 두 가지 대표적인 플랫폼이 있습니다.

- FAFSA(Free Application for Federal Student Aid)
  미국 시민권자 또는 영주권자만 신청 가능
  미국 정부의 연방 장학금 및 융자 신청용
  국제학생은 해당 없음

즉, 한국 국적의 국제학생은 FAFSA를 쓸 일이 없습니다. 미국 시민권이나 영주권을 가진 자녀를 둔 가정에서만 필요합니다.

- CSS Profile(College Scholarship Service Profile)
  국제학생 포함, 모든 지원자가 사용 가능
  미국 대학 개별 장학금 심사에 사용됨
  약 200여 개 대학이 요구(아이비리그 포함)

따라서 우리 아이처럼 한국 국적의 국제학생이 미국 대학 장학금을 신청하려면 CSS Profile을 반드시 준비해야 합니다.

CSS Profile, 이렇게 준비했습니다

처음 CSS Profile에 대해 알게 된 건 뉴욕대 아부다비 지원서를 작성하던 무렵이었습니다. 재정보조를 받으려면 'CSS 프로파일 제출은 필수'라는 안내가 있었고, 덕분에 해외 대학 장학금은 단순한 신청이 아닌 정교한 '소득 증빙 과정'임을 실감하게 되었습니다.

① 기본 정보 입력: 부모의 혼인 여부, 자녀 수, 동거 가족 등 기본 가정 구조를 입력. 주소는 영문으로, 주민등록상 세대 구성원이 모두 들어가야 합니다.

② 수입 Income과 자산 Assets 기재: 한국 부모에겐 가장 어려운 부분
부모 각각의 연간소득 Salary을 원화로 기입할 수 있도록 시스템화되어 있음
사업소득, 연금, 이자소득, 임대소득 등 모든 수입 항목 기재
자산: 예금 잔고, 부동산 소유 여부, 자동차, 주식/펀드 등
영문 증빙서류를 함께 제출하기 때문에 '적당히 써도 되겠지'가 통하지 않습니다. CSS는 자녀의 학비를 낼 수 있는지 철저히 검토합니다. 부모 명의의 부동산이나 예금이 많으면 그 돈으로 학비를 내면 된다고 보지만, 그래도 투명하고 정직하게 쓰는 것이 장학금의 핵심 요건입니다.

③ 추가서류: 영문 잔고증명서, 소득증명자료, 세금 관련 서류 첨부
CSS Profile을 온라인으로 제출한 후, 대학 측에서 Supporting Documents를 요구합니다. 저희는 다음과 같은 서류를 미리 준비해두었습니다.
- 부모의 영문 은행 잔고 증명서(최근 3개월)
- 사업자등록증 영문 번역본(자영업자일 경우)
- 소득금액증명원 + 종합소득세신고서 영문 번역본

대부분의 대학은 IDOC이라는 별도 시스템을 통해 파일 업로드를 요구합니다.

④ 제출 후 이메일 응답과 보완 요청
제출을 마치면 각 대학의 Financial Aid Office에서 이메일로 추가 질문이나 보완 요청을 보낸다고 했는데 실제로 더 이상 요구한 서류는 없었습니다.

국제학생에게도 열리는
장학금의 세계

저는 국제학생이 사용하는 CSS Profile 플랫폼에 직접 접속해 하나하나 내용을 읽고 입력해 나갔습니다. 물론 처음엔 영어로 된 항목들이 부담스럽고 생소했지만 차근차근 따라가다 보니 생각처럼 어려운 작업은 아니었습니다. 소득금액증명원은 국세청 홈페이지에서 영문으로 발급받았고, 은행에 가서 영문 잔고증명서도 받아 시스템에 업로드했습니다.

CSS Profile은 사실상 '정직하게 쓰는 것'이 원칙입니다. 일시적인 자산 이동이나 허위 기재는 오히려 나중에 문제가 될 수 있습니다. 미국 대학들은 서류의 진정성을 무척 중요하게 여깁니다. 아무리 뛰어난 학생이라도 재정보조 서류에서 신뢰를 잃으면 오히려 입학 자체가 위험해질 수 있습니다. CSS Profile은 제출 수수료가 있지만 수수료 면제도 신청할 수 있습니다.

많은 부모님들이 묻습니다.
"우리 가족은 중산층인데, 신청해도 될까요?"

그럴 때 저는 이렇게 말씀드립니다.

"그래서 더 신청해야 합니다."

미국 대학은 단지 '가난한 학생'만 돕는 것이 아닙니다. 학비 전액을 부담하기 어려운 중산층 가정도 당당히 지원할 수 있습니다. 부모의 수입이 부족한 게 죄인가요? 절대 그렇지 않습니다.

실제로 아이가 졸업한 온라인 고등학교의 졸업식에서는 졸업생 한 명 한 명에게 그가 합격한 대학과 장학금 액수를 함께 소개해주었습니다. 어떤 학생은 200만 달러, 어떤 학생은 600만 달러……, 그 금액을 들으며 깨달았습니다(해당 학생이 합격한 대학교들에서 받은 장학금 모두를 합한 금액이라 액수가 큽니다).

'미국 학생들도 장학금을 많이 받는구나. 이 시스템을 아는 사람들은 이미 적극적으로 활용하고 있구나.'

특히 국제학생들은 시민권자보다 학비가 배 이상 비쌉니다. 그런 상황에서 재정보조 신청조차 해보지 않고 모든 학비를 감당하는 것은 결국 누구를 위한 교육일까, 진지하게 되돌아보게 됩니다.

당연한 말이지만 장학금은 신청하지 않으면 절대 받을 수 없습니다. 많은 부모님이 '입학에 불이익 있을까 봐' 신청을 꺼리지만 저는 아이와 함께 필요한 정보를 찾고 직접 이메일도 보내면서 숱한 시행착오를 겪었습니다. 그 과정은 고단했지만 한 걸음씩 배워 나가며 문을 두드린 덕분에 장학금이라는 관문을 넘었지요.

장학금은 결코 먼 이야기, 특별한 아이들만의 특권이 아닙니다. 단지 그 세계의 문을 아직 열지 않았을 뿐입니다. 그 문은 분명 진정성과 정직함을 지닌 사람에게 더 활짝 열릴 것입니다.

국제학생에게도 인심 후한 리버럴 아츠 칼리지

둘째는 언니가 다녔던 대학을 무척 좋아했습니다. 그 학교는 싱가포르 국립대학교 내의 한 리버럴 아츠 칼리지로, 기존 학문 구조와는 전혀 다른 혁신적인 커리큘럼과 교육 철학을 지닌 학교였습니다. 아쉽게도 지금은 그 프로그램이 없어졌지만, 둘째는 그 리버럴 아츠 교육이 주는 자유로움과 깊이 있는 학문 환경을 동경하며 늘 "나도 저런 대학에 가고 싶다"고 말하곤 했습니다.

많은 부모님이 '대학은 크고, 유명하고, 이름값 있는 곳이 최고'라고 생각하지만, 실제로 리버럴 아츠 칼리지는 그 반대의 가치를 추구합니다.

대형 강의실에서 교수님의 얼굴조차 보기 힘든 대학과 달리, 이곳에서는 대부분의 수업이 소규모 세미나 형식으로 진행됩니다. 학생 한 명 한 명의 의견이 존중받고, 교수님과의 1:1 멘토링도 활발합니다. 단순한 '지식 전달'이 아닌 '질문과 토론' 중심의 수업, 즉 학생 중심의 교육 방식이죠. 이런 환경에서 아이는 존중받으며 배울 수 있을 거라는 기대를 품게 되었습니다.

사실 리버럴 아츠 칼리지의 본고장은 미국입니다. 그래서 둘째는 만약 미국 대학에 도전한다면 반드시 리버럴 아츠 칼리지에 가고 싶다고 했습니다. 뉴욕대 아부다비와 미네르바 대학교도 전통적인 리버럴 아츠 칼리지는 아니지만 소규모 커뮤니티 중심의 전인교육,

자기주도적인 학습을 강조하는 교육 철학 면에서는 리버럴 아츠의 정신과 깊게 닿아 있었지요. 그랬기에 이 학교들을 대학 리스트에서 중요한 후보로 꼽았던 것입니다.

본격적으로 재정보조가 가능한 대학을 찾기 시작했을 때도 자연스럽게 리버럴 아츠 칼리지들을 먼저 살펴보았습니다. 그러다 알게 된 사실은 대체로 리버럴 아츠 칼리지들이 국제학생에게 재정보조 장학금을 후하게 준다는 것이었습니다.

물론 모든 학교가 그런 것은 아니지만 실제로 여러 칼리지들이 Need-blind 정책을 국제학생에게까지 적용하거나 아니면 Need-aware 방식이라 해도 학생의 에세이, 추천서, 활동 이력 등에서 진정성이 느껴질 경우 매우 적극적으로 재정 지원을 제공하는 사례를 여럿 확인할 수 있었습니다.

둘째는 ED 전형으로 뉴욕대 아부다비에 도전했고, 그곳에 합격하면서 RD로 준비하던 대학은 모두 포기했지만, 리스트에 있던 학교들은 하나같이 리버럴 아츠 칼리지였습니다. 윌리암스, 포모나, 스미스, 그리고 애머스트까지… 각 학교 홈페이지를 샅샅이 살펴보며 국제학생 장학금 정책과 입학 조건을 비교했던 밤들이 생각납니다.

결국 저희가 알게 된 진실은 이렇습니다. 리버럴 아츠 칼리지는 규모는 작지만 교육에 대한 철학이 깊고 국제학생에게도 개방의 폭이 넓다는 것. 그리고 무엇보다 학생 개개인을 존중하고 함께 성장하고자 하는 공동체 정신이 살아 있는 곳이라는 점에서, 우리 아이의 성향과도 정말 잘 맞는 대학들이었습니다.

진심이 닿다
장학금을 받은 아이들

앞서 거액의 장학금을 받게 되었다고 소개했지만 구체적으로 총 비용은 대략 얼마이고 그중 얼마큼의 지원을 약속받았는지 궁금해하실 부모님들을 위해 저희가 받은 내역서를 공개해보겠습니다.

다음은 뉴욕대 아부다비와 미네르바 대학교 합격 메일과 함께 받은 재정보조 금액입니다.

먼저 뉴욕대 아부다비의 경우, 총 비용 $86,152 중 $63,500를 학교에서 지원받았습니다. 결과적으로 한 해 동안 부담해야 할 금액은 $22,652(약 3,170만 원) 정도입니다. 학비와 기숙사비 외에도 건강보험, 책값, 생활비까지 고려한 매우 상세한 안내입니다.

뉴욕대 아부다비 재정보조

Estimated Cost of Attendance for Award Year 2025-2026

	Direct Costs		Indirect Costs
Tuition	$64,994	Transportation	$3,550
Housing	$6,000	Personal Expenses	$2,364
Food	$5,800		
Books and Supplies	$1,730		
Student Health Insurance	$1,714		
Total Direct Costs	$80,238	Total Indirect Costs	$5,914

Total Costs of Attendance: $86,152

Scholarships and Grants

	Fall 2025	Spring 2026	Total
NYUAD Grant	$30,028	$30,028	$60,056
NYUAD Book Grant	$865	$865	$1,730
NYUAD Health Insurance Grant	$857	$857	$1,714
Total Shcolarships and Grants	$31,750	$31,750	$63,500

Estimated Net Cost: $22,652
This is based on your CSS Profile Expected Family Contribution and anticipated full-time enrollment.

미네르바 대학교의 재정보조

Minerva Student Loan $7,875	Minerva work-study $5,000	Minerva Scholarship $14,325
You are qualified to receive a low-interest student loan through Minerva up to the amount noted above. If you accept a student loan you will be required to adhere to a scheduled loan repayment plan. To learn more about the loan structure and interest rate refer to the Financial Aid FAQs.	Work on a team at Minerva, or with a Minerva designated partner, to help offset your family's investment in your education, while also gaining valuable job experience. The above is an estimate based on 250 hours of work during the academic school year. Money is paid directly to the student every two weeks based on the number of hours worked during that pay period and is intended to cover daily living expenses.	You have been awarded a scholarship from the Minerva Institute as part of your award package.

미네르바 대학교의 경우, 총 재정보조 금액은 $27,200(한화 약 3,800만 원)으로 이 중 $14,325는 무상 장학금이라 상환의 의무가 없습니다. $5,000은 교내 또는 협력기관에서 일하면서 받는 급여이고 $7,875는 졸업 후 소득에 따라 상환하는 저금리 학생 대출입니다.

잠깐! Loan도 장학금이라고요?"
한국 부모에게 낯선 미국식 장학금 정책

처음 미네르바 대학교로부터 장학금 안내 메일을 받았을 때, 설렘과 함께 살짝 당황스러웠습니다. '장학금Scholarship'은 모두 받기만 하면 되는 '무상 지원'인 줄 알았는데, 항목을 자세히 들여다보니 'Loan(대출)'이라는 단어가 들어 있었기 때문입니다.

"대출이라니요? 그게 왜 장학금 항목에 포함되죠?"
한국에서는 이 두 개념이 명확히 구분됩니다. 장학금이란 성적 우수자에게 주는 '안 갚아도 되는 혜택'이고, 대출은 '언젠가 반드시 갚아야 하는 빚'입니다. 완전히 다른 개념이라고 생각하는 게 당연합니다. 저 역시 처음엔 이 차이를 이해하는 데 어려움을 겪었습니다. 그래서 합격 후 미네르바 총장님과의 식사 자리에서 조심스레 이야기를 꺼냈는데, 그제야 미국 대학의 재정보조 시스템은 한국과는 다르게 운영된다는 것을 알게 되었습니다.

- 미국식 '재정보조Financial Aid'의 3가지 구성

미국 대학이 국제학생에게 제공하는 재정보조 패키지는 여러 종류의 지원을 묶은 종합 세트입니다. 보통 다음 세 가지 요소로 구성됩니다.

- Grant/Scholarship(무상 장학금): 갚지 않아도 되는 장학금
- Work Study(근로 장학금): 캠퍼스 내 일자리에서 일하며 받는 급여
- Loan(학자금 대출): 졸업 후 상환해야 하는 금액

이 세 가지를 모두 합쳐서 '재정보조'라고 부릅니다. 우리 관점에선 '대출이 무슨 장학금이야?'라고 생각할 수 있겠지만 미국에서는 이 모든 것이 '학생을 돕는 지원'이라는 큰 틀에서 함께 제공됩니다.

장학금을 받은 아이들의 공통점

"정말 가능할까?"

아이와 함께 미국 대학을 준비하며 수없이 되뇌었던 이 질문은 단지 입시의 성공 여부만을 가리키는 말이 아니었습니다. 우리처럼 입시 컨설팅, 재정 지원 컨설팅 하나 없이, 그렇다고 경제적 여유도 넉넉하지 않은 평범한 가정이 미국 대학에서 억대에 달하는 장학금을 받을 수 있을까?

그 가능성을 향해 한 걸음씩 내딛을 때마다 불안과 의심은 늘 그림자처럼 따라붙었습니다.

하지만 놀랍게도, 아이는 두 대학으로부터 전액에 가까운 재정보조 장학금을 제안받았습니다. 그리고 그 여정에서 가장 크게 배운 사람은 바로 부모인 저였습니다. 특히 저희와 비슷한 조건에서 장학금을 받은 다른 학생들의 이야기를 듣고 그 아이들이 걸어온 길을 하나하나 되짚다 보니 중요한 사실을 깨닫게 됐습니다. 그 아이들은 누구보다 특별하거나 화려한 배경을 가졌기 때문이 아니었습니다.

그들의 공통점은 바로 '진정성'이었습니다. 자신의 상황을 있는 그대로 인정하고 그 안에서 스스로 길을 만들어온 성실함과 꾸준함. 그것이 입학사정관의 마음을 움직였던 겁니다.

그러한 사례로 첫 번째로 소개하고 싶은 친구는 러시아 상트페테르부르크에서 온 레니입니다. 둘째가 뉴욕대 아부다비의 Candidate Weekend 초청 인터뷰 프로그램에 참가했을 때 만난 친구인데, 그 짧은 시간 동안 둘은 금세 가까워졌습니다. 마침 레니가 한국으로 여행을 왔고, 저희는 기쁜 마음으로 집으로 초대했습니다.

레니는 첫인상부터 참 인상 깊은 친구였습니다. 조용하면서도 단단한 에너지가 느껴졌고, 이야기를 나누다 보니 더 깊은 감동이 밀려왔습니다. 어머니가 의사라고 했는데 사진으로 보여준 집은 영화에서나 볼 법한 유럽풍의 아름다운 주택이었습니다. 겉으로 보기에는 경제적으로 풍족해 보였지만, 그 속에는 전혀 다른 이야기가 숨어 있었습니다. 레니는 아이엘츠IELTS 영어 공인시험을 가르쳐주며 과외로 번 돈으로 용돈을 충당하고 있었습니다. 심지어 한국 여행을 위해 밥도 제대로 먹지 못할 정도로 밤낮없이 일했다는 말에, 가정의 경제 사정은 깊이 물을 수 없었지만 가슴이 뭉클해졌습니다.

그런데도 그녀는 "학비의 90퍼센트에 해당하는 장학금을 받을 수 있어서 정말 다행이에요"라며 환한 미소를 지었습니다. 그 모습이 얼마나 대견하고 아름다웠는지 모릅니다. 레니가 처한 환경은 결코 쉽지 않았습니다. 러시아는 미국의 경제적 제재 여파로 인해 SAT와 AP 시험이 아예 열리지 않는 나라입니다. 하지만 레니는 포기하지 않았습니다. 시험을 보기 위해 직접 국경을 넘어 카자흐스탄까지 가야 했고, 대부분의 러시아 공립학교가 영어 교육을 기본으로 하지 않기 때문에 영어는 사실상 혼자 독학해야 했습니다. 그 결과 영어로 완벽하게 소통할 수 있을 만큼의 실력을 갖추었습니다.

놀라운 건 거기서 끝이 아니었어요. 레니는 한국어도 어느 정도 구사할 수 있었는데, 그 이유가 정말 흥미로웠습니다. 러시아에 잠시 머물던 한국인을 통해 한국어에 흥미를 갖게 되었고, 이후에는 혼자 공부해서 읽고, 쓰고, 말하는 수준까지 도달했다고 합니다. 한국어를 읽고 쓰는 모습을 보며, 단순한 외국어 능력을 넘은 배움에 대한 깊은 열망과 진심을 느낄 수 있었습니다.

레니가 가고 난 후, 이런 생각이 들었습니다.

'레니가 가진 가장 큰 힘은 성적이나 시험 점수가 아니라 세상과 끊임없이 연결되고자 하는 진심, 그리고 환경에 굴하지 않고 자신의 한계를 넘어서려는 용기와 꾸준함이구나.'

그녀의 이야기는 감동적인 에피소드 이상이었습니다. 불리한 조건에서도 삶과 타협하지 않고, 오히려 더 빛나는 선택을 해 나가는 아이의 진정성 있는 기록이었습니다.

또 한 명은 다니엘라입니다. 싱가포르 국제학교에서 둘째와 친구였던 남아프리카공화국 출신의 여학생입니다. 선교사인 아버지, 그 학교에서 교사로 일하며 학비를 감당하던 어머니 덕분에 국제학교에 다니긴 했지만, 경제적 사정은 결코 넉넉하지 않았습니다. 다니엘라는 부모님이 미국 대학 진학을 반대했지만 SAT 응시료까지 용돈으로 충당하며 끝까지 포기하지 않았습니다.

학교에서는 늘 환한 미소로 사람들을 반기고, 학생회장으로 누구보다 활발하게 활동하면서 학업과 봉사활동을 병행했습니다. 그리고 마침내 미국의 한 리버럴 아츠 칼리지에서 전액 장학금을 받고 합격했다는 소식을 전해왔습니다. 꼬맹이 시절 처음 만났을 때부터 다니엘라는 반짝이는 아이라고 생각했습니다. 어떤 불리한 환경도 핑계 삼지 않고 매일을 진심으로 살아가는 태도. 그게 바로 다니엘라가 가진 가장 큰 '스펙'이었던 것입니다.

　이렇게 돌아보면 장학금을 받은 학생들의 공통점은 명확합니다. 누구도 화려한 조건이나 부모의 도움만으로 그 자리에 선 것이 아니었습니다. 오히려 각자의 자리에서 묵묵히 자신의 길을 개척한, 스펙보다 '삶의 태도'로 대학에 진심을 전한 학생들이었습니다.

　레니, 다니엘라 그리고 우리 아이까지, 국적도 언어도 환경도 다르지만 이들에게는 공통된 빛이 있습니다. 자기 삶을 책임지며 진정성 있게 준비한 시간들, 그것이야말로 무엇보다 강력하게 대학의 마음을 움직인 동력이었던 겁니다.

6장

부모의 역할, 관여와 신뢰 사이에서

현명하게
사교육시키기

　　　　　독서를 유독 좋아하던 첫째 아이는 어렸을 때부터 숫자를 몹시 싫어했습니다. 학교에 들어가서도 수학은 늘 어려워했고, 숙제조차 하지 않으려 해서 매일 저와 실랑이를 벌이곤 했습니다. 하지만 우리는 학원에 의지하지 않기로 했습니다. 아이를 학원에 보내면 배우기보다는 다른 친구들의 들러리가 될 것 같다는 생각이 들었기 때문입니다. 그래서 학교 진도에 맞춰 "중간 이상만 하자"라는 소박한 목표로 제가 함께 수학을 공부해 나갔습니다.

　　저는 학원의 무분별한 선행학습을 좋아하지 않습니다. 물론 뛰어난 영재성을 가진 아이들은 그에 맞는 교육을 받는 것이 마땅합니다. 하지만 대부분의 평범한 아이들에게까지 의무적으로 선행학습이 강요되는 분위기는 안타깝게 느껴집니다. 우리 아이들은 지극히 평범한 보통 아이들이었기에, 학습에 대한 관심과 능력을 자연스럽게 키워주고 싶어서 선행학습보다는 독서를 권했습니다.

　　실제로 영어 실력을 높이기 위해서도 학원 대신 다른 방법을 선택했습니다. 영어 책을 읽고, 그 안의 단어를 암기하고, 내용을 요약해서 짧은 글을 써보는 것이었습니다. 예를 들면 미국 온라인 고등학교에 진학한 둘째는 미국 역사를 한 번도 배워본 적이 없었습니다. 그런데 11학년에 AP US History를 선택하게 되었을 때, 학원 선행 대신 방학 동안 미국 중학생들이 보는 Big Fat Notebook 시리즈의 U.S. History를 읽게 했습니다. 배경지식 없이 처음 배우는 과목이라도 독서를 통해 접근하면 아이 스스로 흥미를 붙이고 본질적인 이해력을 키울 수 있다고 믿었기 때문입니다.

돌이켜보면 제가 첫째의 10학년 수학까지 직접 가르칠 수 있었던 것은, 아마 한국이 아니었기에 가능했던 일인지도 모르겠습니다. 저는 수학 전공자도 아니었고, 9학년이 넘어가면서는 솔직히 점점 버거워졌습니다. 지금처럼 AI의 도움을 받을 수도 없던 시절이었기에, 수학 전공자인 친구에게 문제를 물어보고, 그것을 다시 아이에게 설명해주곤 했습니다.

하지만 11학년이 되자 더 이상 제 힘으로는 감당이 어렵겠다는 생각이 들었습니다. 그래서 결국 한국분이 운영하는 현지 학원에 아이를 보내기로 했습니다. 한국식으로 말하자면 내신 대비 학원이었습니다. 학교 진도에 맞춰 꼼꼼히 가르치는 곳이었죠.

첫째는 그때까지 수학학원이라는 곳에 본격적으로 다녀본 경험이 없었기에 마음가짐부터 남달랐습니다. 수업 시간에 이해가 가지 않는 내용은 끝까지 질문했고, 반복해서 설명을 들었습니다. 하지만 그런 태도가 일부 친구들에게는 불편하게 느껴졌나 봅니다. 아이는

"다른 친구들은 어디서 배웠나 봐. 다들 한 번에 알아듣는데 나만 자꾸 질문하니까 눈치 보여"라며 속상해했습니다.

그런데 시험이 끝난 뒤, 학원 선생님이 수업 시간에 이런 말씀을 하셨다고 합니다.

"맨날 모른다고 다시 설명해달라는 애가, 왜 점수는 제일 높지?"

다른 학생들은 선행학습으로 내용을 알고 있다고 생각해 정작 연습을 소홀히 했던 반면, 첫째는 처음 듣는 개념을 꼼꼼히 복습하고 문제를 반복해서 풀며 실력을 키웠던 겁니다. 결과는 아이 편이었습니다.

이후 아이가 조심스럽게 부탁했습니다.

"엄마, 나 1:1 수업 받고 싶어. 같이 수업 듣다 보면 친구들 눈치 보이고, 궁금한 걸 마음껏 못 물어봐."

그 말이 너무나 공감되었습니다. 그래서 학원에 1:1 수업이 가능한지 문의했더니, 단체 수업에 비해 무려 3배나 되는 비용이라고 했습니다. 망설임도 잠시, 여태까지 수학에 거의 돈을 들이지 않았고 다른 과목도 거의 사교육 없이 해왔으니, 앞으로 2년도 안 남은 기간이라면 감당할 만한 투자라고 판단했습니다.

결국 아이는 주 1회 1:1 수업을 받기 시작했고, 그 수업은 아이에게 꼭 필요한 맞춤형 학습이 되어주었습니다. 그렇게 아이는 마침내 원하는 목표 점수를 받고 원하는 대학에 합격했습니다.

이제 와 돌이켜보면 우리 가족에게 사교육은 "하지 말자"가 아니라 "때에 맞게, 꼭 필요한 만큼만 하자"는 원칙 아래에 있었던 것 같습니다. 무조건 배제하거나 무작정 맡기는 것이 아니라, 아이의 성향과 상황을 살펴보며 언제 어떤 방식으로 도움을 줄 것인지 함께 고민했던 시간이었지요. 아이에게 꼭 필요한 시기에, 꼭 필요한 방식으로 손을 내밀어줄 수 있었던 것. 그것이 우리가 선택한 사교육이었습니다.

그리고 그 선택은 결국 아이 스스로의 자존감을 지켜주는 방식이기도 했습니다. '나는 왜 남들보다 느릴까'라는 자책보다는 '나는 나만의 방식대로 배워가고 있어'라는 자신감을 심어주고 싶었습니다. 우리가 지나온 시간을 통해 분명히 알게 된 것은 사교육은 '더 많이'가 아니라 '더 맞게'가 핵심이라는 사실입니다. 남이 한다고 불안해하며 따라하는 사교육이 아니라 내 아이의 눈높이와 발걸음에 맞춰 함께 걸어주는 것. 그것이 부모가 할 수 있는 가장 단단한 동행이 아닐까요.

우리 아이는 조금 돌아가고 조금 더뎠지만, 결국 자신만의 속도로 끝까지 완주했습니다. 그리고 그 속도는 결코 느린 게 아니었다는 것을, 이제는 누구보다 잘 알고 있습니다.

엄마표 영어, 대치동이 아니어도 가능합니다

요즘 교육 현실을 이야기하다 보면 '4세 고시', '7세 고시'라는 단어가 심심찮게 등장합니다. 이름만 들어도 씁쓸한 이 표현은 유치원 입학을 앞둔 4세 아이들이 영어유치원에 들어가기 위해 치르는 레벨 테스트(4세 고시), 그리고 초등학교 입학 전 유명 영어·수학 학원에 들어가기 위한 자격시험(7세 고시)을 가리킵니다.

아직 한국어조차 완벽히 습득하지 못한 아이들에게, 모국어도 아닌 영어로 시험을 보게 한다는 사실은 많은 이들에게 충격이었습니다. 해외 언론에서도 이 현상을 사회 문제로 다룰 만큼 그 참담함은 국경을 넘어 세계로 퍼져나갔습니다. 물론 이런 교육을 감행하는 가정은 사회 전체로 보면 소수입니다. 그러나 걱정스러운 것은 이것이 마치 '정상'인 양 여겨지고, 자녀 교육의 기준처럼 한국 사회에 뿌리내릴까 하는 두려움입니다.

영어에 대한 갈망, 사실 저도 예외는 아니었습니다. 영어 교육에 대한 우리 부모들의 고민과 갈망을 저는 너무나 잘 이해합니다. 한국어는 당연히 잘해야 하고, 영어까지 자유자재로 구사할 수 있어야 글로벌 인재로 자랄 수 있다는 생각은 이제 선택이 아닌 '기본 조건'처럼 여겨지고 있으니까요. 누군가는 말합니다. 가수 싸이가 세계 무대에서 주목받을 수 있었던 것은 예술성과 끼 외에도 유창한 영어 실력이 있었기에 가능했다고요. 영어로 자연스럽게 소통할 수 있다는 건, 아이가 어떤 직업을 갖든 세계로 나아가는 데 있어 걸림돌을 제거해주는 강력한 무기인 셈입니다.

이 책을 쓰며 가장 고민했던 지점도 바로 이 부분이었습니다. "그래도 영어는 잘했으니까 가능했던 거 아니냐", "해외에서 국제학교를 다녔으니 할 수 있는 것 아니냐"라는 시선 말입니다. 맞습니다. 저희 둘째가 싱가포르 국제학교에서 6년을 보낸 덕분에 온라인 고등학교의 수업도 어렵지 않게 따라갈 수 있었던 것은 사실입니다.

하지만 제가 경험한 현실은 생각보다 단순하지 않았습니다. '해외살이를 했다'고 해서 모두가 '영어를 원어민 수준으로 한다'는 것은 아니라는 것이죠. 저도 처음에는 영어 조기교육에 진심이었던 엄마였습니다. 태아 때부터 영어 동요를 들려줬고, 영상을 이해할 수 있는 두 돌 무렵부터는 유아용 영어 비디오만 보여줬습니다. 그런데 아이가 말을 시작하면서 유독 그 영상만 싫다고 하더군요. 왜 귀여운 캐릭터들이 나와 춤추는 영상을 보기 싫어할까 의아했지만, 아이의 의사를 존중해 한국어 영상을 보여주기로 했습니다. 그때부터 영어 조기교육은 자연스럽게 뒤로 미뤄졌고, 영어유치원은 선택지에서 사라졌습니다.

그렇게 첫째는 초등학교 6학년일 때 아빠의 해외 발령으로 싱가포르 국제학교로 전학을 가게 되었습니다. 당연히 영어 준비가 거의 되어 있지 않았기에 국제학교에 입학하자마자 가장 영어를 못하는 반, 이른바 ESL 반에서 시작할 수밖에 없었습니다. 그런데 같은 시기에 한국 대치동에서 온 친구들은 달랐습니다. 전학 오자마자 바로 정규 수업 Mainstream Class 에 배정되어 중등 교육과정을 거뜬히 따라가고 있었죠. 그 모습을 보며 저는 뼈아프게 깨달았습니다.

"아, 이게 바로 대치동 사교육의 힘이구나."

영어를 외면한 내 선택이 결국 아이에게 부담이 되었을 수도 있겠다는 반성이 밀려왔습니다.

사실 저는 영어 학원을 보낸 적이 없는 게 아니라, 아이가 원치 않아서 포기했던 것뿐입니다. 당시에는 그게 아이를 존중하는 길이라

여겼지만, 돌이켜보니 어쩌면 나 자신이 편하려고 내린 결정이 아니었을까 싶기도 했습니다.

최근에 엄마표 영어로 아이들을 키우고 있는 두 가정을 알게 되었습니다. 두 집 모두 어머니가 영어를 특별히 잘하는 분들은 아니었습니다. 하지만 시중의 엄마표 영어 교재와 방법들을 꾸준히 연구하고 실천해오셨더군요. 놀랍게도 이 가정의 아이들은 만나자마자 자연스럽게 영어로 대화를 나눴습니다. 그 모습을 본 미국 현지 교사인 친지분도 감탄하며 이렇게 말씀하셨습니다.

"이 아이들, 미국 학교에 바로 들어가도 전혀 문제가 없을 수준이에요."

그 말을 들으며 다시 한번 깨달았습니다. 영어를 잘하기 위해 꼭 외국에 살아야 하는 건 아니구나. 대치동의 특별한 사교육을 받아야만 영어를 잘하는 것도 아니구나. 환경보다 더 중요한 건 일관된 노출과 부모의 꾸준한 노력이라는 사실을 새삼 확인할 수 있었죠.

우리는 영어 교육을 고민할 때 자꾸만 '언제 시작했는가', '얼마나 앞서갔는가'에 집착하게 됩니다. 하지만 정말 중요한 질문은 이것 아닐까요?

'지금, 우리 아이에게 맞는 방식은 무엇일까?'

4세 고시, 7세 고시라는 말이 나올 정도로 조기교육이 과열된 시대입니다. 그럼에도 여전히 방향을 다시 잡고 아이의 리듬에 맞춰 걸어가려는 부모들이 있습니다. 영어에 대한 열망은 있되, 그 방법과 속도는 아이와 함께 고민하며 스스로 설계하려는 부모들 말입니다. 지금 이 글을 읽고 계신 여러분도 아마 그 한 걸음을 어디로 내딛을지 고민하고 계실 것입니다. 너무 늦었다고 생각하지 마세요. 아이의 속도에 맞춘 한 걸음이 오히려 가장 빠른 길이 될 수 있습니다.

그리고 꼭 기억해주세요. 해외에서 살았다고 해서 모두 영어를 잘하는 것은 아닙니다. 영어가 모국어인 아이들도 스펠링을 틀리기 일쑤고, 해외에서 오래 산 교포라고 해도 영어로 깊이 있게 표현하지 못하는 경우도 많습니다. 언어는 재능보다 반복이고, 노출보다 정확한 훈련이 핵심이라는 것을 엄마표 영어를 실천하는 어머니들로부터 깨닫게 되었습니다. 영어 공부에 대한 구체적인 이야기와 방법론은 이 책에 다 담지 못했지만, 앞으로 더 깊이 나눌 기회를 만들어보겠습니다. 중요한 건 지금 부모인 우리가 어떤 태도로 아이의 언어 여정을 함께하느냐입니다.

어떤 핑계로도
아이의 꿈을 막지 마세요

　　우리는 아이들에게 "꿈을 꾸라"고 말합니다. 아이들은 눈을 반짝이며 자신의 미래를 그려냅니다. 특히 어릴수록 외국이라는 미지의 세계에 대한 동경은 더욱 크고 뜨겁습니다. 때로 그것은 단순한 환상이 아닌, 아이의 깊고도 진지한 결심일지도 모릅니다. 그럴 때 부모는 그 목소리에 귀 기울여야 합니다. 의심하거나 막아서기보다는, 아이의 진심을 함께 들여다보아야 합니다.

　　시우는 그런 아이였습니다. 어렸을 때부터 총명했던 시우는 중학교 시절 미국에 있는 친척 집에서 여름방학을 보낼 기회를 얻었습니다. 드넓은 잔디밭에서 마음껏 뛰놀고, 그동안 배웠던 영어로 낯선 사람들과 소통하며 여러 인종이 어우러진 미국 사회에 매료되었습니다. 한국으로 돌아온 시우는 중학교를 졸업한 뒤로 줄곧 같은 말을 반복했습니다.

　　"엄마, 나 미국 대학 가고 싶어."

　　하지만 부모의 반응은 단호했습니다.

"우린 그럴 만한 여력이 없어. 한국 대학에 진학하면 교환학생으로도 갈 수 있잖아. 네 능력으로 해봐."

그래서 시우는 공부에 매진했고 결국 서울대에 입학했습니다. 그러나 그 마음속 꿈은 여전했습니다. 입학하자마자 교환학생 프로그램을 알아보고 열심히 준비한 끝에 마침내 선발되었습니다.

미국에서의 경험은 그의 확신을 더욱 굳혔습니다.

"나는 한국보다 해외가 더 잘 맞아."

시우는 그렇게 어렵게 들어간 서울대를 내려놓고 다시 유학길에 오릅니다.

그 모습을 보며 부모는 이렇게 말했습니다.

"이제는 다 커서 간다고 하니 비용은 댈 수 있지만 그래도 참 씁쓸하네……."

사실 시우의 부모에게 처음부터 문제는 '돈'이 아니었습니다. 잘 알지 못하는 미국이라는 세계가 두려웠고, 다른 부모들처럼 한국 SKY대학, 대기업이라는 익숙한 길을 아이가 걷기를 바랐을 뿐이었어요.

저 역시 그랬습니다. 남들이 가는 길이 '안전하다' 생각했고 그 틀 안에서 아이가 무난하게 살아가기를 바랐습니다. 그러나 이제는 깨달았습니다. 남들이 가는 길을 그대로 따라가서는 그 누구도 '특별한 길'을 걸을 수 없다는 것을 말이죠. 우리는 '남과 달라지는 것'에 불안해하면서도 동시에 '남과 같아지는 것'에도 만족하지 못합니다. 끊임없이 더 나은 길을 찾습니다. 그리고 그 갈림길에서 무엇이 옳은지 고민하며 한 걸음을 내딛는 존재가 바로 부모입니다.

때로는 정말 돈이 문제일 수도 있습니다. 하지만 진심으로 그 길을 함께 찾아나서면, 해결책도 함께 찾아옵니다. 그것이 바로 지금 시대가 요구하는 '부모의 힘'이 아닐까요?

앞이 잘 보이지 않는 길 위에서 지금도 묵묵히 아이와 함께 걷고 있는 모든 부모님들께 전하고 싶습니다. 이미 충분히 잘하고 계시다고 말이죠.

부러움은 그만, 이제는 행동할 때입니다

몇 년 전, 오랜만에 만난 후배와 이런저런 이야기를 나누게 되었습니다. 당시 그 후배는 초등학교 입학을 앞둔 딸아이의 교육 문제로 고민이 많아 보였습니다. 대학 입시를 앞둔 아이의 엄마인 저보다 더 깊이 교육에 몰두해 있는 듯했습니다. 후배는 이렇게 말했습니다.

"언니, 요즘은 사립초등학교를 보낼까 말까를 고민하는 시대가 아니에요. 비인가 국제학교라도 무조건 국제학교로 시작해야 한다는 분위기예요."

그 말이 꽤 충격적이었습니다. 저 역시 나름 교육에 관심이 많은 부모라 자신했는데 후배의 이야기에서 '요즘 세태'의 속도를 실감하게 되었습니다.

후배는 자신의 친구 이야기도 꺼냈습니다. 아이 셋을 모두 비인가 국제학교에 보내는 그 친구가 너무 부럽다고 했습니다. 교육비를 생각하면 쉽지 않은 선택이었지만 그럴 수 있는 그 친구의 경제적 상황이 솔직히 부럽다고 했지요. 저는 그 말을 듣고 마음속으로 이렇게 생각했습니다.

'이건 단순한 사교육 열풍이 아니라, 아이의 미래를 한국이 아닌 글로벌한 무대로 준비하려는 부모의 선택이구나.'

아마 이 책을 읽고 계신 여러분 중에는 속으로 이렇게 생각하는 분도 계실지 모릅니다.

'우리 아이는 해외로 나갈 일 없을 거야.'

하지만 지금 시대는 다릅니다. '해외에 나갈지 안 나갈지'가 아니라 '세계가 이미 우리 안에 들어와 있는 시대'라는 것이 더 정확한 표현일 것입니다.

요즘 아이들은 유튜브를 통해 전 세계 사람들의 삶을 들여다보고, SNS를 통해 지구 반대편의 친구와 실시간으로 소통하며 자랍니다. 세계는 결코 멀리 있지 않습니다. 오히려 우리 아이들의 일상에 자연스럽게 스며들어 있죠.

저 역시 아이가 어렸을 때부터 영어 교육에 유독 관심이 많았습니다. 세상이 변하고 있다는 걸 본능적으로 느꼈기 때문입니다. 그리고 그런 변화 속에서 아이가 영어라는 도구를 익힌다면, 어디에서든 자신감을 갖고 출발할 수 있을 거라 믿었습니다.

실제로 싱가포르라는 작지만 글로벌한 나라에서 몇 년간 살아보니, 그곳에서 만난 현실은 또 달랐습니다. 미국은 물론 영국 명문대나 싱가포르 국립대에 수월하게 진학하는 현지 한국인 자녀들을 보면서 '왜 우리는 이 세계에 대해 이렇게 모르고 살았을까?' 하는 생각이 들었습니다. 그리고 마음속엔 또 하나의 감정이 올라왔습니다. 바로 '부러움'이었습니다.

"저 집은 원어민 수준의 영어 실력을 갖춘 아이에, 해외 경험도 풍부하고 경제력도 넉넉하잖아. 우리와는 다른 세계 사람들이야."

한국으로 돌아와서도 미국 명문대에 다닌다는 유명인 자녀들의 소식이 자꾸만 눈에 들어왔습니다. 그리고 저 역시 이렇게 결론을 내리곤 했습니다.

'돈이 많으니까 그렇지.'

그런데 문득 이런 생각이 들었어요. '부러움만으로는 아무것도 바뀌지 않는구나.' 진짜 중요한 건 그 감정을 나를 움직이는 힘으로 바꿀 수 있느냐는 것이었습니다. 누구나 부러워할 수는 있습니다. 하지만 부러움에 머무르느냐, 거기서 한 걸음 내딛느냐는 완전히 다른 이야기입니다. 그래서 저는 아이와 함께 하나씩 정보를 찾기 시작했습니다. 어떤 날은 인터넷에서 밤새도록 대학 정보를 뒤졌고, 또 어떤 날은 미국 고등학교 입시 제도에 대해 샅샅이 공부했습니다. 그렇게 작은 것부터 직접 해보니, 조금씩 길이 보이기 시작했습니다. 처음엔 막막했던 그 길도, 어느새 우리가 함께 걸어온 여정이 되어 있었죠.

물론 그 사이에는 실패도 있었습니다. 하지만 저는 그때마다 아이에게 말했습니다.

"이번 건 실패가 아니라, 우리에게 어떤 방식이 안 맞는지 배운 거야. 그러니 다음엔 다르게 해보자."

그렇게 '실패'는 우리에게 다음 단계를 위한 준비가 되어주었습니다.

많은 분들이 묻습니다.

"정말 컨설팅 없이 가능했나요?"

저는 단언할 수 있습니다. 가능했고말고요! 인터넷에 숨어 있는 정보들, 선배 부모들의 글, 해외 유학 블로그, 대학 웹사이트, 공식 자료들…… 그 속에 충분한 정보가 있었습니다.

결국 저는 누군가의 성공을 우리 아이에게 맞게 진정성 있게 모방하고, 우리 가족의 현실에 맞춰 치환해낸 것뿐입니다. 저나 우리 아이가 특별해서가 아닙니다. 단지 '정보력'이 '두려움'을 조금 이긴 것이죠. 요즘 시대에 가장 강력한 무기는 '돈'이 아닙니다. 정확한 정보이고, 그 정보를 움직이게 하는 부모의 진심입니다. 그리고 그 진심은 아이에게 반드시 전해집니다. 아이는 부모의 '가능성을 믿는 시선'에서 힘을 얻고, 그 믿음 위에서 자기만의 꿈을 펼쳐나갑니다.

부러움은 출발점일 뿐, 지금부터의 선택은 우리 몫입니다.

그리고 저는 확신합니다. 당신도 해낼 수 있습니다.

부모도 함께
성장합니다

대학 합격 소식을 들은 지인들로부터 축하받을 때마다 어김없이 듣게 되는 질문이 있습니다.

"온라인 고등학교로도 되는구나! 그런데… 입시 컨설팅 정말 안 하셨어요?"

단순한 궁금증처럼 들리지만 그 말에는 '사실은 했던 거 아니에요?'라는 뉘앙스가 깔려 있습니다. 어떤 분은 속마음을 털어놓듯 "우리도 꽤 비싼 컨설팅을 받았는데 결과가 기대에 못 미쳐서……" 하며 쓸쓸한 표정을 지었습니다. 그간의 속상한 마음을 누군가에게 말하고 싶었던, 그 감정을 공유하고 싶은 마음에 조심스레 건넨 말임을 느낄 수 있었습니다.

사실 저도 미국 대학 입시에 대해선 아는 게 전혀 없었습니다. 어디서부터 시작해야 할지도 막막했고, 우리처럼 온라인 고등학교를 선택한 케이스는 주변에서 찾아보기 어려웠습니다. 가장 먼저 접근할 수 있었던 정보 창구는 유튜브였는데, 대부분은 미국 현지 학원이나 입시 컨설팅 업체들의 광고성 콘텐츠였습니다. 처음엔 그저 보는 것만으로도 부담이 컸습니다. 하지만 자꾸 보다 보니 눈에 익은 정보, 신뢰할 수 있는 설명, 반복되는 패턴들이 보이기 시작했고, 저 나름대로 정보를 걸러내는 감각이 생겨났어요.

그중 몇몇 채널을 구독하고, 그들의 이야기를 참고 삼아 다시 조사하며 아이에게 맞는 방향을 찾아갔습니다. 중요한 점은, 이들 정보의 대부분이 시민권자나 영주권자 중심으로 구성되어 있다는 것입니다. 그래서 저는 늘 묻고 확인했습니다. 댓글로 질문을 남겨 국제학생도 해당되는지를 확인했고, 챗GPT를 활용하여 보완 설명을 요청하거나 학교 홈페이지에서 공식 정보를 다시 찾아보며 교차검증을 했습니다.

대학 입시 원서 작성이나 전 세계 학생들의 관심도를 확인할 땐 reddit.com 같은 글로벌 커뮤니티를 활용했습니다. 물론 정보가 너무 많아서 처음엔 헤맸지만, 시간이 지나면서 유익한 정보와 그렇지 않은 정보를 구분하는 눈도 자연스레 생겼습니다. 그리고 미국 온라인 고등학교를 선택할 때도 활용했던 niche.com은 대학 선택에도 유용하게 쓰였습니다. 학교들의 평판, 학생 만족도, 전공 강점 등을 살펴보며 리스트를 만들 때 큰 도움이 되었죠.

이쯤 되면 다들 이렇게 말하십니다.

"근데 영어를 잘하시니까 가능한 거 아니에요?"

저는 고개를 절레절레 흔듭니다. 아니라고, 저도 여러분과 종이 한 장 차이라고요. 긴 문장은 해석하기 어렵고, 모르는 단어는 셀 수 없을 만큼 많았습니다. 하지만 요즘은 고맙게도 기술이 먼저 우리에게 물어봅니다. "한글로 번역해 드릴까요?"

저는 번역기, 브라우저 자동 번역, 그리고 챗GPT를 적극적으로 활용했습니다. 특히 미네르바 대학교의 장학금 신청 관련 정보는 워낙 까다롭고 복잡해서 챗GPT의 도움을 자주 받았습니다. 다만 챗GPT가 알려준 정보라도 그대로 믿지는 않았고 반드시 학교 공식 홈페이지를 통해 다시 확인했습니다. "레딧에서 나온 의견들을 바탕으로 정리해줘" 혹은 "대학 홈페이지의 내용을 기준으로 다시 설명해줘"라고 요청하며 정보를 정제했습니다. 지금은 누군가에게서 실시간으로 설명을 듣는 시대가 아니라, 내가 어떻게 질문하느냐에 따라 정확하고 필요한 정보가 추려지는 시대입니다.

그래서 저는 거액의 컨설팅 대신, 아이와 진심 어린 대화를 나누며 우리의 여건과 목표에 맞는 길을 설계했습니다. 실패도 있었고 때론 돌아가기도 했지만, 하나씩 쌓아온 과정들이 결국 '우리만의 방법'을 만들었습니다. 그 과정에서 확실히 느낀 건, 정보는 돈보다 태도에서 나온다는 사실이었어요. 인터넷과 AI 기술이 발달한 지금, 누구나 접근 가능한 시대에 진짜 차이를 만드는 건 '정보력'이고, 그 정보력은 내 아이를 향한 부모의 진심에서 비롯됩니다.

누군가에게 맡기는 입시 컨설팅보다, 아이와 함께 문제를 풀어간 시간이 더 값지게 느껴집니다. 아이를 가장 잘 아는 사람은 결국 부모이고, 그 누구보다 아이의 가능성을 믿는 사람도 부모이기 때문입니다. 여러분도 할 수 있습니다. 저도 처음엔 아무것도 몰랐고 두려웠습니다. 하지만 작은 질문 하나로 시작된 길은 또 다른 길을 열어 보여주었고 그 여정이 결국 단단한 결과를 가져다주었습니다.

지금 이 글을 읽고 계신 분 중에 "나는 잘 몰라서…", "영어도 안 되고…", "정보도 없고…" 그래서 엄두가 안 난다고 주저하고 계신 분이 있다면 꼭 말씀드리고 싶습니다. 저도 그랬습니다. 그런데 한 걸음씩 시작해보니 생각보다 어렵지 않았습니다. 아이를 믿고 내 마음을 움직였을 때 정보는 따라왔고 길도 보였습니다.

지금의 내가, 아이의 미래를 바꾸는 힘이 될 수 있습니다. 오늘부터 그 첫걸음을 시작하셔도 괜찮습니다. 아이와 함께라면 여러분도 충분히 해낼 수 있습니다.

알아서 잘하겠지, 그 말이 아이를 외롭게 합니다

최근 교육 관련 커뮤니티에서 우연히 온라인 고등학교에 대한 긴 글을 보게 되었습니다. 대체로 학부모들이 작성한 글이 많은 곳이어서 처음에는 그런 줄로만 알았는데, 읽다 보니 학생 본인이 직접 쓴 것이었습니다.

깜짝 놀랐습니다. 자신의 진로를 위해 스스로 자료를 수집하고, 온라인 고등학교를 선택했을 때 미국 대학이나 타국의 대학 진학이 가능한지를 묻는 이 학생의 태도는 또래답지 않게 진지했습니다. 그 과정 자체가 참 대견했습니다. 살아온 경험을 이렇게 체계적으로 정리하며 자신의 미래를 객관적으로 바라볼 줄 아는 시선은, 단지 진학의 문제를 넘어 자기주도적인 삶의 태도라 느껴졌습니다.

하지만 한편으로는 읽는 내내 마음 한구석이 무거웠습니다. 아직 어린 학생의 글에서, 어른의 눈으로 보기엔 위험할 수 있는 정보의 해석이나 오해도 눈에 띄었고, 무엇보다 부모님과는 이 고민을 거의 나누지 않았다는 인상이 짙었습니다. 부모님은 돈이 많이 든다며 반대하셨고, 그래서 국제학교보다 온라인 고등학교를 알아보는 것으로 보였습니다. 순간 이 학생의 부모님을 직접 만나 이야기해드리고 싶다는 생각이 들었습니다. 세상엔 여러 가지 길이 있고, 반드시 한 가지 방법만 있는 것이 아니라는 것을요.

이 학생은 이미 충분히 가능성과 의지를 갖고 있었습니다. 여기에 부모의 관심과 응원, 현실적인 조율이 함께한다면 얼마나 더 큰 시너지를 낼 수 있을까요. 물론 요즘 아이들이 얼마나 똑똑한지는 우리 모두 잘 알고 있습니다. 하지만 그 똑똑함이 모든 것을 해결해 줄 수는 없습니다.

실제로 또 다른 글에서는 이런 이야기도 봤습니다. 갑작스레 미국으로 아이를 유학 보낸 한 학부모가 AP 과목을 정하는 과정에서 "그동안 아이 스스로 잘해왔기에 맡겼다"는데 한 학기를 보내고 나니 크게 후회된다고요. 역시 아이는 아이입니다. 아무리 똑똑해도 인생을 40년 이상 살아온 부모의 통찰과 경험에서 나오는 감각을 넘어설 수는 없습니다. 그리고 무엇보다 세상에는 아이보다 어른 사이에서 오가는 정보가 훨씬 더 방대하다는 사실을 우리는 너무나 잘 알고 있지요.

어쩌면 우리는 오랜 시간 '부모는 모른다', '아이들이 더 잘 안다'

는 말을 너무 많이 들어왔는지도 모릅니다. 하지만 지금은 다릅니다. 정보의 시대, 인터넷과 기술은 누구에게나 열려 있고, 부모도 이제는 충분히 좋은 정보의 사용자이자 해석자가 될 수 있습니다. 정보가 평준화된 이 시대에는 누가 그것을 먼저 보고, 자기 상황에 맞게 활용하느냐가 차이를 만듭니다. 부모가 한 발 더 관심을 갖고 아이와 함께 고민해 나간다면, 우리 아이의 에세이는 수많은 지원자 중에서도 특별한 이야기가 될 수 있습니다. 그저 원서를 잘 내는 것만이 아니라 아이와 잘 맞는 대학을 찾고 진로와 전공까지도 긴 안목에서 함께 상의해 나갈 수 있다면, 부모는 단지 조력자가 아닌 든든한 동반자가 될 수 있습니다.

그러니 '요즘 애들은 똑똑하니까 알아서 하겠지'라며 한 발 물러서기보다 '어떻게 하면 우리 아이의 가능성이 가장 빛날 수 있을까?'를 함께 고민해주세요. 그리고 그 물음의 시작은 아주 단순한 대화일 수 있습니다. 아이에게 다가가 "요즘 무슨 생각해?", "너의 꿈은 뭐야?", "혹시 내가 도와줄 수 있는 게 있을까?"라는 질문에서부터 새로운 가능성은 자라나기 시작할 것입니다.

(부록5. 미국 대학 입시 준비에 유용한 사이트 모음 참조)

온라인 고등학교,
특별한 곳이 아닙니다

온라인 고등학교에 대한 이야기를 꺼내면 가장 먼저 돌아오는 반응 중 하나가 이런 말이었습니다. "거긴 자기주도가 되는 애들만 가는 거 아니에요?" 그리고 이어지는 말도 늘 같습니다. "우리 애는 아직 자기주도학습이 안 돼서, 온라인 고등학교는 힘들 것 같아요." 그 말에는 두려움이 담겨 있습니다. 아이가 실패할까 봐, 아이가 무너질까 봐, 그래서 시도조차 하지 않고 돌아서는 부모들이 의외로 많았습니다.

사실 저도 처음에는 이 부분이 가장 우려되었습니다. 아이가 하루 종일 컴퓨터 앞에서 수업을 듣고, 과제를 스스로 챙기고, 시간을 계획대로 잘 쓸 수 있을까? 아무도 붙잡아주지 않는 시스템 안에서 흔들리지 않고 스스로를 이끌 수 있을까? 걱정은 한두 가지가 아니었습니다.

그런데 막상 경험해보니 진짜 자기주도란 그렇게 완성된 채로 시작하는 것이 아니었습니다. 마치 처음부터 수영을 잘하는 아이가 없는 것처럼, 자기주도라는 것도 배워가는 과정이었어요. 우리 아이도 처음에는 수업을 미루기 일쑤였고, 과제는 자꾸 밀려 쌓였으며, 아침마다 컴퓨터 앞에 앉는 것도 고역이었습니다. 하지만 그 과정을 함께 겪으며, 선생님의 피드백과 저와의 대화를 통해 아이는 조금씩 자신의 하루를 책임지는 법을 배워갔습니다. 그리 대단한 계기가 있던 것도 아닙니다. 작은 성공 경험이 쌓이고, 실패하면 따뜻하게 격려하며 다시 시도하게 해주는, 그게 전부였습니다.

그러면서 저는 진짜 중요한 사실을 깨달았습니다. 온라인 고등학교에서 말하는 자기주도는 단지 공부에 대한 이야기가 아니라는 것을요. 그것은 결국 아이의 삶 전체를 스스로 이끌어갈 수 있는 힘, 바로 인생에서의 자기주도를 의미했습니다.

자기주도적인 삶이란 누군가 정해준 길을 묵묵히 따라가는 것이 아니라, 내가 가고 싶은 방향을 스스로 정하고, 내 걸음으로 그 길을 만들어 나가는 것입니다. 때로는 멈추고, 돌아가고, 길을 잃을 수도 있지만, 중요한 건 그 모든 선택의 중심에 '내가 있다'는 사실입니다. 그것이 자기주도의 본질입니다.

그래서 온라인 고등학교를 고민할 때 "우리 아이는 아직 자기주도가 안 돼서 안 될 것 같아요"라고 돌아서는 것은 정말 아쉽습니다. 자기주도는 '되느냐 안 되느냐'로 나뉘는 자격이 아니라 '길러지는 과정'이기 때문입니다.

지금 돌이켜보면 어떤 방식으로든 자기주도력을 키워볼 기회를 주는 것, 그것이야말로 부모로서 해야 할 일이 아니었을까 생각하게 됩니다. 우리는 아이가 흔들릴 때 함께 고민하고, 다시 일어설 수 있도록 옆에 있어주는 사람입니다. 아이가 혼자 해낼 준비가 되었을 때만 시도하는 것이 아니라, 아직 준비되지 않았을 때조차도 함께해보는 것, 그 용기가 필요하지 않을까요?

사회성, 반드시 교실에서만 자라는 건 아닙니다

"온라인 고등학교면 친구도 못 사귀고 외롭게 보내는 거 아니에요? 사회성은 괜찮을까요?"

이 또한 자주 듣는 질문입니다. 결론부터 말씀드리자면 맞는 말도 틀린 말도 아닙니다. 단순히 흑백처럼 나뉠 수 있는 이야기는 아니니까요.

먼저 '물리적인 외로움'은 분명히 있습니다. 실제로 미국에 사는 온라인 고등학교 친구들은 동네 친구들과 어울리고 친구 학교의 졸업파티를 함께하며 오프라인의 추억을 쌓았지만, 저희 둘째는 조금 달랐습니다. 한국에서는 초등학교 1학년 1학기와 국제중학교 1년이 학교 경험의 전부였기 때문에, 실제로 주말에 나가서 만나는 친구들이라 해봐야 중학교 동창 한두 명 정도였습니다.

그런데 이 외로움이 오히려 입시에 집중하는 데는 플러스 요인이 되었습니다. 학원 일정 때문에 자주 만나진 못했지만, 친한 친구와 가끔씩 모여 수다를 떠는 시간도 서로에게 좋은 휴식이었습니다.

반면 온라인상의 학교생활은 외롭지 않았습니다. 학교가 시작되면 채팅과 화상 수업, 그룹 프로젝트 등으로 하루가 바쁘게 흘러갔고, 화면 너머로 만나는 친구들과도 자연스럽게 관계가 형성되었습니다. 사실 저는 온라인이라는 환경이 오히려 아이의 사회성을 더 단단하게 만들었다고 생각합니다. 물리적으로 함께 있지 않아도 진심이 전해지려면 더 많은 배려와 자기표현이 필요하잖아요. 그렇게 서로를 존중하는 방법을 배우며, 둘째는 조심스럽지만 꾸준히 자신의 사회성을 키워나갔습니다.

그래도 걱정이 완전히 사라진 건 아니었습니다. 뉴욕대 아부다비 인터뷰에 초청돼 2박 3일간 Candidate Weekend에 참가하게 되었을 때 아이는 출국 전 이런 말을 했습니다.

"엄마, 거기 가서 친구 못 사귀면 어떡하지…?"

자기도 오랜만에 '직접 만나는' 친구들과 함께 지내야 하니 긴장이 되었던 모양입니다.

그런데 도착하자마자 친구들과 찍은 셀카를 보내오더군요. 사진 속 아이는 환하게 웃고 있었고 낯선 곳에서 낯선 친구들과 너무도 자연스럽게 어울리고 있었습니다. 그 모습을 보며 확신할 수 있었습니다. 온라인 고등학교가 사회성을 길러주지 못할 것이라는 우려는 반드시 그렇지만은 않다는 것을요. 방식은 다를 수 있지만 아이는 자기만의 속도와 자기만의 방식으로 사람을 만나고 세상과 연결되고 있었습니다.

결국 중요한 것은 '어떤 환경이냐'보다는 '그 안에서 어떻게 관계를 맺고 성장하느냐'인 것 같습니다. 아이들은 우리가 생각하는 것보다 훨씬 유연하게 적응하고, 생각보다 깊이 있는 관계를 맺으며 스스로 성장해 나가고 있습니다.

그러니 너무 걱정하지 마세요. 부모가 믿고 지켜봐주는 것, 그게 아이에게는 가장 큰 힘이 되니까요.

온라인 고등학교보다 더 중요한 것

우리는 하루가 다르게 변하는 세상에 살고 있습니다. 아니, 이제는 '하루'라는 말조차도 느리게 들릴 만큼 '순간마다' 세상이 바뀌고 있습니다. 어제까지 유효하던 교육 방식이 어느새 구시대의 유물이 되기도 하고, 오늘의 새로운 기회가 내일이면 더 이상 기회가 아닌 시대입니다.

이 책도 마찬가지입니다. 지금은 의미 있는 경험과 정보일지 몰라도 머지않아 '그땐 그랬지'로 남게 될지도 모릅니다. 그래서 지금 이 이야기를 하는 이유가 단지 '온라인 고등학교'라는 시스템을 소개하고 싶어서가 아니라는 것을 분명히 말씀드리고 싶습니다. 이 책의 본질은 '형태'가 아니라 '의식'입니다.

미래학자 레이 커즈와일은 이렇게 말했습니다.

"우리는 선형적으로 생각하지만,
기술은 기하급수적으로 발전한다."
We're not evolving linearly anymore,
we're evolving exponentially.

이 말이 마음 깊이 남았던 건, 우리 아이들이 살아갈 세상이 더 이상 천천히 기다려주지 않는다는 현실 때문입니다. '조금만 더 천천히 가도 되겠지', '어떻게든 되겠지' 하는 마음으로는 이제 따라갈 수 없는 세상입니다. 기회는 준비된 자에게 주어지는 것이 아니라 움직이는 자에게 열립니다.

그렇다고 두려워하실 필요는 없습니다. 저도 처음엔 막막했습니다. 새로운 시스템, 낯선 방식, 영어로 된 정보 등은 다가가기조차 어렵게 느껴졌습니다. 하지만 하나하나 시도해보니 생각처럼 어렵지 않았습니다. 겁났던 건 '몰라서'였고, 멈춰 있었던 건 '불확실해서'였지요.

그래서 부모인 우리가 먼저 움직여야 한다고 생각합니다. '온라인 고등학교'는 제가 선택한 하나의 길일 뿐입니다. 이 방식이 정답이라고 말할 순 없어요. 오히려 지금 우리가 알고 있는 방식들조차 곧 더 다양하고 예측할 수 없는 새로운 형태로 바뀔 것입니다. 온라인 고등학교보다 더 유연하고 창의적인 학습 플랫폼이 등장하고, 아이들이 스스로 자기만의 학습 루트를 설계해가는 시대가 올 수도 있습니다. 중요한 건 아이들을 바라보는 우리의 인식과 태도입니다.

무엇이든 학교가 결정해줄 것이라는 수동적인 믿음, 남들이 가는 길만이 안전하다는 막연한 확신, 우리 아이는 아직 어려서 모른다는 방관적인 자세는 이제 의미가 없습니다. 우리에게는 더 넓은 시야와 열린 의식이 필요합니다. 낯선 것에 겁먹기보다 아이의 가능성을 인정하고 함께 탐색하며 배우려는 자세야말로 이 시대에 부모가 갖춰야 할 진짜 실력입니다. 정보를 찾고 작은 시도부터 시작하고 한 걸음씩 나아가다 보면, 어느새 그 길 위에 선 자신을 발견할 것입니다. 완벽할 필요는 없어요. 중요한 건 '시작하는 마음'입니다.

아이들에게 더 나은 미래를 바란다고 말하려면 우리도 더 깨어 있어야 하지 않을까요? 아이들이 살아갈 미래는 훨씬 더 빠르게 변하고 훨씬 더 다양해질 것입니다. 그러니 부모인 우리가 먼저 세상의 변화를 두려워하지 않고 받아들이는 연습을 해야 합니다. 새로운 길이 눈앞에 있을 때 그 길을 함께 걸어주는 부모가 있다면 아이는 더 당당히 나아갈 수 있습니다. 우리가 깨어 있는 시선으로 세상을 바라보고 아이와 함께 고민하며 내딛는다면, 그 길은 분명히 아이의 가능성을 비추는 빛나는 미래가 되어줄 것입니다.

· 에필로그 ·

함께 걸어온 길, 그리고 새로운 시작

뉴욕대 아부다비 캠퍼스 앞, 택시 창 너머로 손을 흔들며 울던 아이의 모습은 사막의 태양 아래 눈부셨고, 지금까지도 제 가슴에 선명히 남아 있습니다. 작은 방 책상 앞에서 컴퓨터 화면을 통해 세상과 연결되던 그 아이가 이제는 수천 킬로미터 떨어진 낯선 땅에서 자신의 길을 시작했다는 사실이 믿기지 않았습니다. 울음을 참다 결국 엄마 품에 안겨 흐느끼던 아이, 그리고 다시 용기를 내어 돌아가는 뒷모습은 저에게 오래도록 잊지 못할 장면이 되었습니다.

둘째의 지난 4년은 그저 온라인 수업을 듣는 시간이 아니었습니다. 홀로 시간을 관리하고, 무수한 과제와 씨름하며, 외로움과 자기 의심 속에서도 꿋꿋이 버텨내야 하는 시간들이었습니다. 언뜻 평온해 보였던 나날들이 사실은 가장 치열하고 뜨거운 성장의 시간이었음을, 이제는 분명히 말할 수 있습니다. 그 시간 동안 아이는 단순히 성적이나 합격증을 얻은 것이 아니라 혼자서도 무너지지 않는 마음의 근육을, 자기 삶을 스스로 책임질 수 있다는 확신을 길러냈습니다.

그러나 제 여정은 둘째와만 시작된 것이 아니었습니다. 처음 저를 '엄마'라 부르게 한 건 첫째였습니다. 첫 아이를 키우던 시절은 모든 것이 낯설고 두려웠습니다. 좌충우돌 부딪히고, 서툴게 넘어지고 때로는 용감하게 길을 찾아 나서며 배운 시간들. 사실 저는 첫째를 통해 훨씬 더 많은 것을 배운 '처음 엄마'였습니다. 그 시간이 있었기에 둘째와 함께한 도전을 담담히 받아들일 수 있었고 흔들림 속에서도 끝까지 아이를 믿고 동행할 수 있었습니다.

지금 첫째는 싱가포르 국립대의 Yale-NUS College에서 역사를 전공한 뒤, 아시아의 차세대 리더들을 길러내는 일을 하고 있습니다. 언젠가 교육 현장에도 기여하고 싶다는 꿈을 품고 있지요. 그리고 둘째는 아부다비의 뜨거운 태양 아래, 새로운 배움과 만남을 향해 나아가고 있습니다. 두 아이는 서로 다른 길 위에 서 있지만 공통점이 있다면 단 하나, 스스로 선택한 삶을 존중받으며 자라왔다는 것입니다.

그리고 이 책을 완성할 즈음 둘째는 미국 온라인 고등학교 졸업식에서 영광스럽게도 졸업생 대표로 연설을 하게 되었습니다. 그 연설문을 읽으면서 저는 뭉클했습니다. 아이의 이야기는 제가 이 책에 담아낸 내용과 너무도 닮아 있었고, 그것이야말로 부모와 아이가 함께 걸어온 동반 성장의 증거처럼 느껴졌습니다. 같은 곳을 바라보고 결국 함께 이뤄냈다는 사실이, 둘째와 제 인생에 오래도록 남을 큰 역사가 될 것입니다.

  이 책을 쓰며 여러 가지를 깨달았습니다. 교육은 학교라는 울타리 안에서만 이루어지는 것이 아니라는 것, 자유에는 언제나 책임이 따른다는 것, 제도권 바깥의 길을 택한다는 것은 단순히 다른 커리큘럼을 선택하는 것이 아니라 삶의 방향 자체를 스스로 정하는 일이라는 것을요. 그 시간은 아이만 성장한 것이 아니라 부모인 저 역시 함께 성장한 여정이었습니다. 아이와 같은 곳을 바라보며 같은 꿈을 향해 걸어가는 것. 그것이야말로 부모와 아이가 함께하는 가장 큰 이유입니다.

  이제 두 아이는 저희보다 훨씬 멀리, 훨씬 넓은 세상으로 나아갈 것입니다. 남편과 저는 그 길목에 서서 아이들의 뒷모습을 바라보며 오래도록 기도하고 조용히 응원할 뿐입니다.

  이 책을 덮는 지금 독자 여러분께 말씀드리고 싶습니다. 아이의 길은 하나가 아니며 부모의 길도 하나가 아닙니다. 우리는 언제든 새로운 길을 만들 수 있고 그 길에서 서로를 단단히 붙잡고 함께 걸어갈 수 있습니다. 부디 이 이야기가 당신의 가족에게도 작은 용기가 되기를 바랍니다.

  그리고 언젠가 당신의 아이와 당신 자신이 함께 이렇게 말할 수 있기를 바랍니다.

  "그때, 우리는 진짜 우리 삶을 살아냈어."

2025 GWUOHS 졸업 연설문

교직원 여러분, 가족과 친구들, 그리고 함께 졸업하는 동문 여러분, 2025년 졸업식에 함께해주신 여러분을 진심으로 환영합니다. 오늘 여러분이 어디에서 이 화면을 보고 계시든, 이렇게 함께해주셔서 감사합니다.

2025년 졸업생 여러분 정말 축하합니다!

우리가 그토록 기다렸던 날, 어쩌면 영영 오지 않을 것만 같던 이 날이 마침내 도착했습니다. 믿기지 않지만 우리는 해냈습니다.

그리고 이 자리를 빌려 우리를 위해 헌신해주신 선생님들과 교직원 여러분께 진심으로 감사드립니다. 우리 삶의 가장 중요한 시기를 함께해주시며, 언제나 따뜻한 마음과 인내로 우리를 이끌어주셨습니다. 마감 직전의 과제 질문에도 늘 성실히 응답해주셨고, 새벽이나 늦은 밤에도 Skype와 이메일을 통해 도움을 주셨으며, 학업 외의 이야기까지도 기꺼이 들어주셨습니다. 비록 물리적으로는 멀리 떨어져 있지만 여러분은 결코 우리를 외롭게 두지 않으셨습니다. 오히려 그 거리 너머에서 더 깊은 연결을 만들어주셨습니다. 이 자리를 빌려 우리 모두의 마음을 담아, 진심으로 감사드립니다.

저는 지난 4년 동안 이 온라인 고등학교의 학생이었습니다. 저에게 이 학교는 단순한 교육 기관 이상의 의미였습니다. 이곳은 제가 상상조차 하지 못했던 가능성의 문을 열어주었고, 한국에 거주하면서도 미국의 수준 높은 교육을 받을 수 있는 기회를 주었습니다. 또 전 세계 곳곳에서 모인 친구들과 연결될 수 있었고, 이 학교만의 유연함과 자유로움 속에서 제 열정을 마음껏 펼칠 수 있었습니다.

GWUOHS 덕분에 저는 감히 꿈꾸지 못했던 일들에 도전할 수 있었습니다. 다양한 동아리에서 리더십을 발휘하고 수준 높은 AP 과정을 소화하며 마침내 제가 꿈꾸던 대학에 합격할 수 있었습니다. 이 자리에 있는 모든 친구들 역시 이 특별한 학교에서 각자의 방식으로 의미 있는 성장을 이루었으리라 믿습니다.

우리 모두는 각기 다른 이유로 이 학교에 들어왔습니다.

새로운 시작을 원했던 사람도 있었고, 운동이나 다른 활동과의 균형을 위해 유연한 학습 환경을 찾았던 사람도 있었고, 안전하게 성장할 공간이 필요했던 친구도 있었을 것입니다. 이유는 달랐지만 우리는 여기서 만났고 함께 머물며 진짜 무언가를 만들어냈습니다.

우리는 시차를 넘어 우정을 쌓았고 가상 교실과 기술적 문제를 능숙하게 헤쳐 나가는 전문가가 되었으며, 전통적인 학교의 종소리 없이도 치열한 학업과 마감 속에서 균형을 이루는 법을 배웠습니다. 다른 학교의 학생들이 사물함 앞에서 이야기를 나눌 때 우리는 Skype 메시지와 K12 Zone에서 소통했고, 급식 대신 브레이크아웃 룸에서 웃음을 나누며 홈룸 허들에서 추억을 쌓았습니다.

그리고 그 모든 순간이 모여 우리 모두가 함께 만들어낸 이 온라인 학교는 단순한 '학교'가 아니라 우리에게 진정한 의미를 가진 공간이 되었습니다. 물론 쉽지만은 않았습니다. 마감에 쫓긴 밤도 많았고 너무 이른 아침과 의욕이 사라졌던 오후도 있었습니다. 하지만 우리는 끝내 포기하지 않았습니다. 우리는 매일 다시 화면 앞에 앉았고 다시 노력했습니다.

졸업생 여러분, 우리는 함께 한 다리를 건넜습니다.

이제 우리는 또 다른 시작 앞에 서 있습니다.

앞으로도 우리는 새로운 다리를 건너야 할 것입니다, 대학 캠퍼스로, 진로와 직장으로, 아직 이름조차 붙이지 못한 꿈과 아직 만나지 못한 사람들로.

그 여정이 항상 평탄하진 않을 겁니다. 길을 잃은 듯한 순간도 있을 테고 미래가 멀게만 느껴질 때도 있을 것입니다.

하지만 잊지 마세요. 우리는 이미 한 번, 불가능해 보였던 것을 해냈습니다. 그러니 우리는 또 할 수 있습니다.

왜냐하면 우리는 단순한 졸업생이 아니라 우리 자신의 이야기를 써 내려갈 '건축가'이기 때문입니다.

그러니 계속해서 나아갑시다. 계속 도전하고, 계속 꿈을 향해 손을 뻗읍시다. 왜냐하면 지금 이 순간 고등학교라는 한 챕터가 마무리되지만, 우리 앞에 놓인 미래라는 다리는 이제 막 시작되었으니까요.

감사합니다.

Faculty members and teachers, families and friends, and fellow graduates, I would like to welcome you all today to the George Washington University Online High School Graduation Ceremony for the Class of 2025. No matter where you're tuning in from today, thank you for being here.

Class of 2025. Congratulations! We've made it. The day we always longed for, but never thought would actually arrive, is finally here, believe it or not.

And to our incredible teachers and staff, thank you.

You've guided us with such grace and dedication through these crucial years of our lives. You were always willing to be our heroes, helping us with last-minute assignment questions in the help desk, responding to our Skype messages and emails at odd hours, and just chatting with us about literally everything. You never once let the physical distance make us feel disconnected; instead, you made our education personal, even though we may never have met in person. I speak on behalf of all of us when I say, thank you from the bottom of our hearts.

I've been a student at GWUOHS for the past four years. For me, this school was more than just an academic decision— it has provided me with a lifeline of possibilities I did not know I could reach. It gave me access to a quality American education while living in South Korea and connected me with peers from all over the country, continent, and world. It allowed me to explore my passions with the freedom and flexibility unique to this school. Because of GWUOHS, I've chased dreams that once felt too big— from taking leadership roles in multiple clubs to excelling in rigorous AP courses to getting into my dream college. And I am sure each and every one of us has something similar to take away from our education here at this remarkable institution.

Each of us came to this school with our own unique stories. Some of us were looking for a fresh start. Some for flexibility, balancing athletic and social pursuits. Some just needed a space to grow safely. But no matter the path, we all met here. We stayed and built something real, together. We built friendships across time zones. We became experts at navigating virtual classrooms and technical challenges every day. We got used to deadlines and learned to balance intense workloads without the bells of a traditional school to guide us. While others had locker chats, we had Skype messages and the K12 Zone. Instead of cafeteria lunches, we shared breakout room laughters and Homeroom Huddle memories. And because of everyone's courage to make a difference on the online platform, we made something meaningful; we became something meaningful.

Of course, it wasn't always easy. There were late nights filled with deadlines, mornings that started too early, and afternoons when motivation felt miles away. But we kept showing up. We kept trying.

So to my classmates: We've crossed a bridge together. And now we stand at the edge of what's next.

There will be more bridges to build: to college campuses, to careers, to new beginnings, to dreams we haven't named and people we haven't met.

And yes, the road ahead won't always be smooth. There will be moments when we feel lost, when the future feels too far or too uncertain.

BUT let's remember this: we've already done the impossible once. We can do it again.

Because we are not just a graduating class. We are architects of our own stories.

So let's keep building. Let's keep daring. Let's keep reaching for the stars—because while this chapter of our high school closes, the bridge to our future is only just beginning.

Thank you.

부록

1. AP시험 공부 전략 4단계
2. SAT 학원 가기 전에 이 정도는 하고 가세요
3. AP Calculus AB / BC란의 차이점 분석
4. 해외 대학 입시 일정표
5. 미국 대학 입시 준비에 유용한 사이트 모음

부록1. AP시험 공부 전략 4단계

① 1단계: 교재 선정
개념 정리용 교재 + 기출문제 + 모의고사의 3종 조합
각기 다른 목적의 교재를 구분해 활용하는 것이 효과적입니다.

개념 정리용 교재
학교 수업 진도에 맞춰 해당 교재를 꼼꼼히 봅니다. 만약 학교 수업 없이 혼자 시험 준비를 한다면 Princeton Review, 5 Steps to a 5, Barron's 중 한 권을 정해 개념 요약과 핵심 포인트를 반드시 정리하기를 추천합니다.

기출문제(MCQ & FRQ)
College Board 공식 사이트, 특히 FRQ 유형 훈련은 필수
모범답안과 채점 기준(Scoring Guidelines)도 반드시 함께 분석

- MCQ(Multiple Choice Questions)
  객관식 문항. 4지선다형 문제로 개념 이해력과 빠른 판단력을 평가합니다.
- FRQ(Free Response Questions)
  서술형 문항. 직접 답을 서술하거나 분석하는 능력을 평가합니다.

실전 모의고사
시험 직전, 타이머 맞추고 실제처럼 연습
시간 배분과 시험 감각 익히기에 적합

② 2단계: 공부 루틴 만들기 | 진도 계획과 반복 복습 시스템
온라인 학습 환경에서는 스스로 루틴을 만드는 것이 성패를 가릅니다.
주 3~4회 집중 학습 시간 확보
단원별 개념 → 문제 풀이 → 오답 노트 → 복습으로 흐름 구성

- 간격 반복 복습법

  학습 후 3일 뒤, 1주일 뒤, 2주일 뒤 복습

  장기 기억 강화 + 개념의 망각 방지

③ 3단계: 시험 형식 훈련 | MCQ와 FRQ를 시간 안배 나눠 전략화

AP는 단순 지식보다 사고력과 표현력, 시간 안배 능력이 요구됩니다.

MCQ

전략 시간 안배가 중요(보통 1문제당 1분 이내로 풀어야 함)

개념을 정확히 알고, 보기 간의 차이를 논리적으로 구분할 수 있어야 함

- 공부 팁: 오답 노트 만들기(틀린 이유 분석), 자주 나오는 개념 중심 정리, 모의고사로 시간 내에 완료하는 연습

FRQ

과목별 형식 이해(예: APUSH의 SAQ, DBQ, LEQ 등)

모범답안과 비교하며 논리 구조 및 표현력 개선

실제 쓰는 연습을 반드시 병행(최근에는 노트북으로 시험 응시로 변경된 것도 있음)

④ 4단계: 커리큘럼 기반 점검

문제만 많이 풀면 방향을 잃는 경우가 많습니다. 중간 중간 College Board의 공식 커리큘럼Course Framework을 점검하며 공부 방향과 실제 출제 의도가 일치하는지를 체크해야 합니다.

- 각 단원별로 Learning Objective와 Essential Knowledge에 맞는 학습이 이뤄졌는가?
- FRQ 채점 기준(Rubrics)에 부합하는 답안을 쓸 수 있는가?

  평가 기준을 모르면 공부를 '열심히' 해도 '헛수고'가 될 수 있습니다.

부록2. SAT 학원 가기 전에 이 정도는 하고 가세요

① 시험의 구조 이해 + 기출 활용

시험이 디지털로 변경되면서 시험을 만드는 기관인 College Board를 이해하는 것이 더욱 중요해졌습니다. College Board의 Bluebook 앱을 사용하면 실전과 동일한 디지털 모의고사를 경험할 수 있습니다. 실제 시험처럼 연습하고 각 문제 해설까지 꼼꼼히 복습하는 습관을 들이면 실전 대응력이 훨씬 좋아집니다. 그렇게 공식 Practice Test를 통해 디지털 환경에 익숙해지고, 각 섹션의 문제 유형과 출제 방식을 파악해야 합니다.

② 각 섹션의 개념 다지기

SAT 학원이 점수를 만들어주지는 않습니다. 학원의 효과를 보려면 각 개념의 기본기는 미리 다져두는 것이 지혜로운 방법입니다. 저희는 다음의 교재들로 각 섹션의 개념을 꼼꼼히 익혔습니다.

- Erica Meltzer의 SAT GRAMMAR와 SAT READING(The Critical Reader 시리즈)
- Nielson Phu의 The College Panda SAT Math
- The Princeton Review의 WORD SMART

③ 루틴화된 공부 습관

부록3. AP Calculus AB / BC란의 차이 분석

AP Calculus AB와 AP Calculus BC는 대학 수학 수준의 미적분 과목입니다.

AP Calculus AB
- 대상: Pre-Calculus를 마친 고등학생(보통 11~12학년)
- 내용: 대학 1학기 수준의 미적분
- 주요 내용: 함수의 극한과 연속성(Limits & Continuity)
  미분(Derivatives)-속도, 기울기, 최대·최소 등
  적분(Integrals)-면적, 부피 계산 등
  미적분의 기본정리(Fundamental Theorem of Calculus)
- 한국 고등학교의 미적분 I~II, 그리고 대학 1학년 1학기 수준의 내용과 유사

AP Calculus BC
- 대상: AB보다 수학을 잘하고 진도가 빠른 학생
- 내용: AB의 전체 내용 + 추가적으로 대학 2학기 수준까지
- 추가 내용: 수열과 급수(Series), 테일러 급수와 멱급수, 파라메트릭 방정식, 극좌표 미적분, 좀 더 복잡한 면적·부피 계산
- 한국의 고등수학 전 과정 + 대학 1학년 2학기까지 포함
- BC에는 AB 내용이 포함되므로 BC만 시험을 치러도 AB 성적이 자동 부여됩니다.

부록4. 해외 대학 입시 일정표

국가	지원 마감 시기	합격자 발표 시기	입학 시기	비고
US 미국	• Early: 10~11월 • Regular: 1월 초	Early: 12월 Regular: 3~4월	8월 말~ 9월 초	Common App 사용, SAT/ACT 필요 가능
GB 영국	• 옥스퍼드·케임브리지·의대 등: 10/15일 • 그 외 UCAS 일반 지원: 1/25일	1~4월 사이 (Conditional 포함)	9월 중~말	UCAS 사용, A-Level 또는 IB 중심
SG 싱가포르	• NUS/NTU/SMU: 12~3월(해외고 지원자 기준, 대학별 상이)	5~7월 사이	8~9월	일부 전공은 면접/입학시험 있음
HK 홍콩	• 비-JUPAS(해외고 졸업자): 10~11월(대학별 상이)	3~6월 사이	8~9월	SAT/ACT 또는 IB, A-Level 등 인정
AU 호주	• Semester 1(2월 입학): 보통 8~11월(전년도) • Semester 2(7월 입학): 3~5월	지원 후 수주~수개월 내 (Rolling)	Semester 1: 2월 Semester 2: 7월	주마다 UAC, VTAC, QTAC 등 활용

참고사항

- 미국은 Early Decision/Early Action 지원을 통해 빠르게 결과를 알 수 있습니다.
- 영국은 UCAS 시스템을 통해 일괄 접수하며, A-level/IB 등 예상 성적 기반으로 조건부 합격을 주는 경우가 많습니다.
- 캐나다는 각 주(온타리오 등)의 시스템에 따라 다르며 Rolling 방식도 많습니다.
- 홍콩은 홍콩대학교(HKU), 홍콩중문대(CUHK) 등이 대표적이며 IB/AP 성적 제출이 중요합니다.
- 싱가포르는 NUS/NTU가 AP/IB 최종 성적을 기반으로 7월에 합격 발표를 합니다.
- 호주는 학기제가 다르기 때문에 1년 2회 입학이 가능하며, 빠르면 10월에 결과를 받을 수 있습니다.

부록5. 미국 대학 입시 준비에 유용한 사이트 모음

1. 대학 검색 및 지원 플랫폼

사이트명	설명	URL
Common App	미국 대학 지원의 표준 플랫폼. 하나의 원서로 여러 대학에 지원 가능.	https://www.commonapp.org
College Board (Big Future)	SAT, AP 정보는 물론 대학별 장학금, 전형 정보까지 제공.	https://bigfuture.collegeboard.org
Niche	대학 리뷰, 순위, 전공별 정보 등 폭넓게 제공. 학부모 리뷰도 유용함.	https://www.niche.com

2. 시험 및 점수 관련

사이트명	설명	URL
College Board	SAT, AP 시험 공식 사이트. 시험 등록 및 점수 확인.	https://www.collegeboard.org
Duolingo English Test	미국 대학들이 인정하는 온라인 영어 시험. 일부 대학에서 TOEFL 대체 가능.	https://englishtest.duolingo.com

3. 재정보조 및 장학금 정보

사이트명	설명	URL
CSS Profile	국제학생 및 비시민권자 대상 재정 보조 신청사이트(College Board 운영).	https://cssprofile.collegeboard.org
Scholarships.com	다양한 민간 장학금 정보 검색 가능.	https://www.scholarships.com

4. 에세이 및 입시 전략 참고

사이트명	설명	URL
College Essay Guy	에세이 쓰는 방법, 샘플, 워크북까지 폭넓은 자료 제공.	https://www.collegeessayguy.com
PrepScholar Blog	입시, SAT, AP에 대한 분석과 전략적 조언.	https://blog.prepscholar.com

5. 대학 설명회 및 실시간 정보

사이트명	설명	URL
Zoom, YouTube (대학 공식 채널)	대학마다 온라인 입학 설명회/ 학생 Q&A 영상 제공.	각 대학 홈페이지 링크 참조
Reddit (r/ApplyingToCollege)	수험생들이 서로 정보를 나누는 커뮤니티. 영어가 가능하다면 유용.	https://www.reddit.com/r/ApplyingToCollege

미국 온라인 고등학교로
명문대 진학하기

초판 1쇄 발행일 2025년 10월 31일

지은이 한승이
펴낸이 김현관
펴낸곳 율리시즈

책임편집 김미성
표지디자인 co*kkiri
본문디자인 진혜리
종이 세종페이퍼
인쇄및 제본 올인피앤비

주소 서울시 양천구 목동중앙서로7길 16-12 102호
전화 (02) 2655-0166/0167
팩스 (02) 6499-0230
E-mail ulyssesbook@naver.com
ISBN 979-11-992239-4-3 03370

등록 2010년 8월 23일 제2010-000046호

ⓒ 한승이, 2025

책값은 뒤표지에 있습니다.